Gebrauchsanleitung
zum
Philosophieren

Gebrauchsanleitung zum Philosophieren

Jörg Zittlau

GONDROM

Inhalt

Was ist eigentlich Philosophieren?

Zum Philosophieren sind die zwei ersten Erfordernisse diese: Erstlich, dass man den Mut habe, keine Frage auf dem Herzen zu behalten, und zweitens, dass man all das, was sich von selbst versteht, sich zum deutlichen Bewusstsein bringe, um es als Problem aufzufassen.

Arthur Schopenhauer (1788–1860)

Wie sieht ein echter Philosoph aus? So wie Arthur Schopenhauer, mit buschigem Haarkranz, stählernem Blick und zornigem Mund? Oder doch eher wie David Hume, dick und rund, mit Vollmondgesicht?

Wie lebt ein Philosoph? Arm und bescheiden wie Diogenes, der nichts hatte außer einer Tonne sowie einem Becher und einem Teller, die er am Ende auch noch weggab, als er entdeckte, dass man auch ohne sie essen und trinken konnte? Oder aber ist der Philosoph reich und lebt in Schlössern? So wie Voltaire, der einmal sagte: »Gott hat uns in die Welt gesetzt, damit wir uns amüsieren.«

Wie spricht ein Philosoph? Ist er schüchtern wie Ludwig Feuerbach, der lieber »ein Holzhacker denn ein Philosoph« sein wollte? Oder ist er ein glänzender Redner wie Gorgias, der zu jedem Thema sprechen konnte? Selbst auf dem Sterbebett gelang ihm ja noch ein guter Spruch: »Der Schlaf übergibt mich nun an seinen Bruder.«

Wie sinnlich ist schließlich ein Philosoph? Sucht er die absolute Enthaltsamkeit, so wie Origines es tat, der sich am Ende sogar eigenhändig entmannte? Oder vergnügt er sich in Ausschweifungen wie der

Marquis de Sade, der nicht umsonst Namenspatron für den Sadismus wurde und für seine »Experimente« ins Gefängnis wanderte?

Man sieht: In der Philosophiegeschichte finden sich die unterschiedlichsten Figuren. Den Prototyp des Philosophen gibt es nicht, und deswegen kann es auch das Philosophieren an sich nicht geben. Parmenides formulierte seine Lehren in Versform, Platon bevorzugte den Dialog, Kierkegaard schrieb überwiegend unter Pseudonymen, Nietzsche in Aphorismen. Bei Immanuel Kant und Martin Heidegger strecken sich die Sätze mitunter ins Unendliche, während Ludwig Wittgenstein nach dem Credo »Alles, was sich aussprechen lässt, lässt sich klar aussprechen« die kurzen und knackigen Formulierungen bevorzugt. Es gibt also auch keinen einheitlichen Sprachduktus des Philosophierens. Doch gerade das lässt natürlich die Frage aufkommen: Woran erkennt man eigentlich, wenn jemand philosophiert?

Vielleicht fangen wir zur Beantwortung der Frage umgekehrt an, indem wir also ausschließen, was Philosophieren nicht ist. Eine Methode, die übrigens unter Philosophen sehr beliebt ist.

Zunächst einmal ist Philosophie keine Vielwisserei. Der griechische Sophist Gorgias spottet: »Leute, die keinen Sinn für die Philosophie haben und sich bloß um Vielwisserei bemühen, gleichen den Freiern der Penelope, die mit ihren Freiern schliefen.« Wer es also geschafft hat, sich durch Kants »Kritik der reinen Vernunft« zu quälen, ist noch lange kein Philosoph. Und wer die Geburt- und Sterbedaten aller großen Dichter und Denker kennt, erst recht nicht.

Zudem ist Philosophie keine reine Theorie – ein Vorwurf, den man ja immer wieder hört. Im Gegenteil: »Die Philosophie lehrt handeln, nicht reden.« So sagt es Seneca und trifft damit den Praxisanspruch der Philosophie auf den Punkt. Was nicht unbedingt heißen soll, dass ein Philosoph sein Zimmer eigenhändig tapezieren können müsste (was allerdings nicht schlecht wäre). Was es vielmehr heißen soll: Ein Philosoph muss nicht erklären, was er denkt, es reicht, wenn er zum Handeln anregt. Noch besser ist es freilich, wenn man dem Handeln des Philosophen selbst ansieht, was er denkt, dass er also mehr durch sich und seine Taten als durch seine Worte wirkt. Mahatma Gandhi, Diogenes und Sokrates waren solche »Vorbild-Philosophen«. Im Zen-Buddhismus gab es Denker, die jegliche Worte auf dem Weg zur Wahrheit für überflüssig hielten und dementsprechend schwiegen. Und Seneca sagte sogar: »Was hindert mich, einen für einen Philosophen zu halten, der keine Silbe lesen kann? Die Weisheit beruht doch nicht in der Fachliteratur.«

Was natürlich die Frage aufkommen lässt: Wenn man noch nicht einmal Worte zum Philosophieren braucht, wozu braucht man dann eine Gebrauchsanweisung dazu? Die Antwort: Sie macht Appetit. Der römische Denker Marc Aurel sagte einmal, dass es keine Lebenslage gebe, »die zum Philosophieren so geeignet wäre wie die, in der ich mich jetzt befinde«. Da hat er Recht. Der Haken dabei ist nur, dass die Lebenslagen zu Aurels Zeit anders aussahen als heute, wo sie nur noch wenig Appetit aufs Philosophieren machen.

Wer sitzt schon noch stundenlang im tiefen Brunnen, um den Himmel zu beobachten, wie es derzeit Thales machte? Wessen Kind beschäftigt sich in seiner Freizeit schon mit dem Komponieren von

Klavierstücken, wie es Friedrich Nietzsche tat? Und wo sind heute die Revolutionen, die seinerzeit Kant, Fichte und Feuerbach zum Nachdenken anregten? Wir können uns heute zwar an Bungee-Seilen in die Tiefe stürzen und zwölf Fernsehprogramme gleichzeitig gucken, doch das sind eben nicht die Situationen, die zum Philosophieren anregen. Dazu bedarf es schon anderer Reize.

Wie eben dieses Buch, die »Gebrauchsanweisung zum Philosophieren«. Sie unterscheidet sich natürlich von anderen Gebrauchsanweisungen. Wenn Sie das Buch gelesen haben, werden Sie danach nicht unbedingt besser wissen, wie Philosophieren geht. Aber Sie werden es vermutlich spüren. Vielleicht geht es Ihnen danach sogar besser, denn, um es mit Cicero auszudrücken: »Die wahre Medizin des Geistes ist die Philosophie.« Möglich ist aber auch, dass es Ihnen nicht besser geht. Und Sie sogar sagen: »Was war das denn? So viel Unfug können ja wohl nur Philosophen reden!«. Doch macht gar nichts. Denn wie sagte es der französische Philosoph Blaise Pascal so schön: »Der Philosophie spotten, das ist wahrhaft philosophieren.«

1. Anleitung
Alles nur Lug und Betrug?
Der Unterschied zwischen Sein und Schein

In Wirklichkeit erkennen wir nichts,
denn die Wahrheit liegt in der Tiefe.

Demokrit (ca. 460–370 v.Chr.)

Ein Satz, der schon einen tiefen Nihilismus ausdrückt: »In Wirklichkeit erkennen wir nichts.« Wir, die Menschen, seien also außerstande, mit unseren Erkenntniskräften in die Nähe des wahren Seins vorzustoßen, mögen wir uns auch noch so danach strecken. Das klingt nicht gerade ermutigend. Dennoch: Derjenige, der den Satz ausspricht, nämlich der griechische Philosoph Demokrit, ist alles andere als ein Miesepeter, der uns das Leben vergällen will. Er ist ein Lebemann, jederzeit zu Scherzen und zum Lachen aufgelegt. Sein schallendes Gelächter ist in Griechenland so berühmt, dass man ihn in den intellektuellen Kreisen sogar für geistig zurückgeblieben hält (was er natürlich keineswegs ist!).

Außerdem ist Demokrit einer der Begründer des Atomismus. Jener Auffassung, wonach unsere Welt aus unendlich kleinen Teilen bestehen würde, nämlich den Atomen. Das klingt ja schon durchaus modern, und in der Tat ist Demokrit einer der Vorbereiter der Naturwissenschaften, wie wir sie heute kennen. Dennoch: Auch dieser bodenständig-handfeste »Atomforscher« hält daran fest, dass wir dem wahrhaften Sein erkenntnismäßig nicht habhaft werden können. Denn, so erklärt er, wir erleben ja die Atome bloß in ihrer großen Vielfalt der Formen und Erscheinungen, nicht aber, wie sie einzeln und wirklich sind. Ein Argument, mit dem Demokrit noch heute sticht. Denn selbst wenn es 1951 mit Hilfe eines Feldionenmikroskops erstmals gelang, Atome abzubilden – auch derzeit wird der Normalsterbliche in seinem Leben wohl kaum ein Atom sehen, wie es wirklich ist. Er sieht Autos und Mobiltelefone, nicht aber die Teilchen, aus denen sie zusammengesetzt sind.

Und was für Autos und Mobiltelefone gültig ist, gilt erst recht für den Menschen und seine Seele. Selbst wer in die tiefsten Psycho-Abgründe seines Lebensgefährten oder Ehepartners hinabsteigt, wird dort nichts finden, was wirklich aussagekräftig ist. Denn wie heißt es bei Heraklit, einem Zeit- und Landesgenossen Demokrits:

»Der Seele Grenzen kannst du nicht ausfinden, und ob du jeglichen Weg abschreiten würdest: so tiefen Grund hat sie.«

Wir halten also fest: Man muss kein pessimistischer Schwarzseher und auch kein weltabgewandter Idealist sein, um daran zu zweifeln, dass wir mit unseren Erkenntniskräften zum wahrhaften Sein durchdringen können. Dies kann auch einem ausgewiesenen Materialisten wie Demokrit passieren. Es sollte sich daher auch für uns lohnen, einen näheren Blick auf das uralte philosophische Problem von Sein und Schein zu richten.

Das erste Kapitel zur Gebrauchsanleitung des Philosophierens beginnt.

Wer recht erkennen will,
muß zuvor in richtiger Weise gezweifelt haben.

Aristoteles (384–322 v.Chr.)

Fragen wir also: Gibt es auf der Welt eine Erkenntnis, die so unumstößlich gewiss ist, dass kein vernünftiger Mensch daran zweifeln kann? Auf den ersten Blick scheint dies eine typisch philosophische, an sich aber doch ziemlich überflüssige Frage. Denn nehmen wir doch den Stuhl (oder auch Sessel), auf dem Sie gerade sitzen, um dieses Buch zu lesen. Wenn ich meinen Blick über ihn schweifen lasse, sehe ich, dass er vier Beine hat und eine Sitzfläche sowie eine Lehne. Auch über die Farbe – sagen wir einmal, er ist kastanienbraun – habe ich relativ schnell Gewissheit. Schließe ich nun die Augen, ist die Farbe natürlich weg. Dennoch spüre ich, dass ich auf dem Stuhl sitze. Denn die Haut und die Muskeln meines Gesäßes geben einwandfrei darüber Auskunft, und wenn ich mit dem Oberkörper zur Seite abkippe, ist es mein Gleichgewichtssinn, der mich darüber informiert, wie ich auf dem Stuhl meine Position verändere. Wenn ich schließlich noch mit dem Handknöchel auf die Lehne klopfe, erhalte ich über das Klopfgeräusch sogar akustische Gewissheit über die Existenz des Stuhls. Ich kann ihn also sehen, hören und spüren, und wenn ich meine Nase in seine Nähe bringe, werde ich ihn vermutlich sogar riechen können. Kein Zweifel also: Der Stuhl existiert, denn so viele Sinne können sich nicht täuschen.

Oder etwa doch?

Es soll nun hier nicht der Platz sein, über Sinnestäuschungen zu reden. Gehen wir ganz normal davon aus, dass wir alle unsere Sinne beisammen haben und dass auch sonst nichts da ist, was uns etwas vorgaukeln könnte. Dennoch werden wir keine Gewissheit haben können, dass dieser Stuhl wirklich so ist, wie wir ihn sehen. Denn stellen wir uns nur einmal vor, dass noch jemand im Zimmer ist und den Stuhl betrachtet. Er wird einen anderen Blickwinkel haben als wir, denn er wird ja wohl kaum an exakt derselben Stelle stehen wie wir, oder? Also wird er den Stuhl anders sehen, mit anderen Lichtreflexen, mit anderen Schatten. Und bei der Farbe? Wir sagen, der Stuhl sei kastanienbraun. Doch der Zimmergenosse sagt, er sei rotbraun. Und wenn wir ihn fragen, warum er ihn nicht als kastanienbraun sieht, gibt er uns die Antwort, dass er einfach keine Ahnung hätte, was kastanienbraun sei. Das ist nicht nur entwaffnend ehrlich. Es gibt auch einen tiefen Einblick in ein weiteres Problem der Erkenntnis. Weil es nämlich die Frage aufwirft, wie weit unser Erkennen von unseren Begriffen abhängig ist: Wir sehen den Stuhl als kastanienbraun, weil wir wissen, welche Farbe eine Kastanie hat. Unser Zimmernachbar sieht ihn hingegen als rotbraun, weil er keine Ahnung hat, wie eine Kastanie aussieht. Und was würde wohl ein mexikanischer Pferdezüchter sagen? Der kennt von seinen

Tieren Dutzende von Brauntönen und hat zu jedem von ihnen einen speziellen Begriff. Wir können davon ausgehen, dass er den Stuhl mit einem Farbton bezeichnen würde, von dem wir noch nie etwas gehört haben. Und das heißt keineswegs, dass er dasselbe sieht als wir und es nur anders bezeichnet, sondern, dass er tatsächlich etwas anderes sieht als wir. Der Grund: Er hat einen anderen »Braunblick« als wir, und damit hat er auch eine andere Realität. Denn Begriffe prägen unsere Wirklichkeit.

Angenommen, Sie hätten überhaupt keinen Begriff von dem Stuhl in unserem Zimmer. Als was würden Sie ihn sehen? Als undefinierbares Stück Holz? Oder als Bierkastenständer? Oder gar als Kunstwerk? Das so etwas nicht abwegig ist, belegt eine Geschichte, die tatsächlich passiert und noch nicht lange her ist. Sie handelt von ein paar Handwerkern, die in einem Museum Reparaturarbeiten zu verrichten hatten. In einem der Museumsräume entdeckten sie eine Badewanne. Und sie machten, was Handwerker so machen, wenn sie eine Badewanne sehen: Ließen sie voll Wasser laufen, um einen Kasten Bier darin kühl zu stellen. Der Haken dabei: Es handelte sich bei der Badewanne um ein schöpferisches Werk des Künstlers Joseph Beuys. Der Meister war darüber stinksauer, die Handwerker waren irritiert, und das Publikum amüsierte sich königlich. Und das alles nur wegen einer Badewanne, die bei unterschiedlichen Menschen ganz und gar unterschiedliche Vorstellungen erzeugte.

Womit wir bei einem zentralen Begriff der Philosophie angelangt sind: nämlich der Vorstellung. Ein Wort, ohne das philosophisches Denken nicht funktionieren, gar nicht erst beginnen kann. Es darf deshalb in einer Gebrauchsanweisung zum Philosophieren nicht fehlen.

Nicht die Welt als Ding an sich, sondern die Welt als Vorstellung (als Irrtum) ist so bedeutungsreich, tief, wundervoll, Glück und Unglück im Schoße tragend.

Friedrich Nietzsche (1844–1900)

Wir haben ja schon am Beispiel des Stuhls gesehen, dass wir nicht so recht an sein eigentliches Sein herankommen. Denn letzten Endes wird uns seine Existenz lediglich über unsere Sinne vermittelt: Wir sehen, hören, fühlen und riechen ihn. Und das bedeutet, dass wir seiner bloß mittelbar, also vermittelt über unsere Sinne gewahr werden. Was – streng genommen – ja nichts anderes bedeutet, als dass wir wohl über die Sinneseindrücke eines Dinges, nicht aber über das Ding selbst oder, wie Immanuel Kant es ausdrückte, das »Ding an sich« verfügen. Doch lassen wir besser noch einmal den »Vorstellungsexperten« Schopenhauer (sein Hauptwerk nannte er »Die Welt als Wille und Vorstellung«) dazu sprechen:

»Die Welt ist meine Vorstellung – dies ist die Wahrheit, welche in Beziehung auf jedes lebende und erkennende Wesen gilt; wiewohl der Mensch allein sie in das reflektirte abstrakte Bewußtseyn bringen kann: und thut er dies wirklich, so ist die philosophische Besonnenheit bei ihm eingetreten. Es wird ihm dann deutlich und gewiß, dass er keine Sonne kennt und keine Erde; sondern immer nur ein Auge, das eine Sonne sieht, eine Hand, die eine Erde fühlt; dass die Welt, welche ihn umgiebt, nur als Vorstellung daist, das heißt, durchweg nur in Beziehung auf ein Anderes, das Vorstellende, welches er selbst ist.«

Lassen wir uns diese Ausführungen von Schopenhauer auf der intellektuellen Zunge zergehen. Demnach ist unser Alltag eine Vorstellungswelt, eine Welt, in der wir es mit Erscheinungen zu tun haben, die von unseren Sinnen und unserem Bewusstsein produziert werden. Ohne diese beiden Stützpfeiler unserer Vorstellungskraft hätten wir keine Welt. Nicht umsonst erwachen wir aus tiefem Schlaf oder einer tiefen Narkose, als hätten wir für einen Augenblick die Welt verloren. Die Zeit vor dem Aufwachen, sie ist einfach weg – ungläubig starren wir jene Menschen an, die uns weismachen wollen, dass wir die letzten Stunden tief und fest geschlafen hätten. Weil wir in dieser Zeit eben ohne Bewusstsein und nicht bei Sinnen waren und somit nichts da war, was ein Erlebnis, eine erlebte Welt hätte konstruieren können.

Anders sieht es natürlich aus, wenn unser Schlaf nicht so tief ist und wir träumen. Hier tauchen dann auch Vorstellungen in unserem Geiste auf. Oft sind sie abstrus und fantastisch. Trotzdem funktionieren sie nach denselben Mustern wie die Vorstellungen der wachen Welt. Es gibt Raum und Zeit, und es gibt Ursache und Wirkung. Weswegen denn auch diese Träume uns in dem Moment, wenn wir sie träumen, so unendlich real vorkommen. So real, dass sie uns ängstigen, oder auch total euphorisch machen können. Sicherlich werden Sie auch schon einmal erlebt haben, dass Sie aus einem intensiven Traum erwachten und nicht so recht in die wache Welt zurückkehren konnten. Besonders häufig finden wir diesen Traum-Nachhall-Effekt bei Kindern. Sie brauchen mitunter mehrere Minuten, um den zuvor erlebten Alptraum abstreifen zu können. Und nach schönen Träumen drehen sie sich sofort wieder auf die Seite, weil sie die vorher erlebte Geschichte weiterträumen wollen. Manchmal gehen sie am folgenden Abend sogar freiwillig früh ins Bett, mit der festen Absicht, den Traum der vorherigen Nacht weiterzuspinnen.

Bei genauerem Hinsehen liegen Traum- und Wachwelt also gar nicht so weit auseinander. Ein Aspekt, den auch die Philosophen immer wieder betont haben. Wie etwa René Descartes (1596–1650), der ja als ausgewiesener »Bettlieger« (mitunter lag er tagelang in den Federn, obwohl er weder müde noch krank war!) einen besonderen Draht zum Schlafen und Träumen hatte:

»Wie oft doch kommt es vor, dass ich alle jene gewöhnlichen Begegnisse, wie dass ich jetzt hier bin, dass ich, mit meinem Rocke bekleidet, am Kamin sitze, mir während der Nachtruhe einbilde, während ich doch entkleidet im Bette liege! – Aber jetzt schaue ich doch sicher mit wachen Augen auf dieses Papier, dies Haupt, das ich hin und her bewege, ist doch nicht im Schlaf, mit Vorbedacht und Bewusstsein strecke ich meine Hand aus und fühle das! Im Schlafe würde mir das doch nicht so deutlich entgegentreten! – Als wenn ich mich nicht entsänne, dass ich auch sonst durch ähnliche Gedankengänge im Träume irregeführt worden bin! Denke ich einmal aufmerksamer darüber nach, so sehe ich ganz klar, dass niemals Wachen und Träumen nach sicheren Kennzeichen unterschieden werden können, – so dass ich ganz betroffen bin, und diese Betroffenheit selbst mich beinahe in der Meinung bestärkt, dass ich auch jetzt im Augenblick träume.«

Ist unsere Welt, wie wir sie im Moment erleben, nichts anderes als ein Traum? Dicht gefüllt mit Vorstellungen unseres eigenen Geistes, die allenfalls die Dinge an sich erahnen lassen, die hinter ihnen stehen, letzten Endes aber keine Gewissheit über sie geben?

Wer weiß es schon?

Nun, dem philosophischen Laien mag diese Frage ohnehin überflüssig erscheinen. Er fragt sich: »Was bringt es mir schon, wenn ich an der Welt und ihrer Erkennbarkeit zweifle und sie lediglich als Vorstellungen betrachte, die meiner eigenen Produktivität entsprungen sind? Was bringt es mir, an der Existenz des Stuhles zu zweifeln, auf dem ich gerade sitze? Oder daran, dass dieses Brötchen, an dem ich gerade esse, bloß ein Konstrukt meiner subjektiven Vorstellungskraft ist?« Die Antwort dazu fällt eindeutig aus: Im normalen Alltag, in dem wir funktionieren müssen, bringen solche Zweifel gar nichts. Doch es gibt ja auch Zeiten, in denen wir nicht funktionieren müssen. In denen wir innehalten und nachdenken, in denen wir philosophieren können. In diesen Phasen werden dann die Gedanken über Sein und Schein sehr fruchtbar sein. Und das Erstaunliche: Wenn wir dann nach unseren philosophischen Gedankenspielen zurückkehren in den Alltag, wo wir funktionieren müssen, geht es uns auch gleich besser. Weil wir nämlich zu einem besseren Verständnis unserer Umwelt gekommen sind.

Doch um das besser einsehen zu können, müssen wir in der Philosophiegeschichte weiter zurückgehen als bloß zu Descartes. Ganz weit zurück, noch vor Sokrates, nämlich zu Parmenides aus Elea.

Also entstand die Welt dem Wahne nach und so besteht sie
Und wird fernerhin wachsen, um schließlich ein Ende zu nehmen.

PARMENIDES (ETWA 540–480 V. CHR.)

Der Grieche Parmenides ist einer der ersten großen Zweifler an den Kräften unseres Erkenntnisvermögens. Zu diesem Image passt, dass über die Person des Philosophen nur wenig bekannt ist. Was wir wissen: Er lebt und wirkt überwiegend im unteritalienischen Elea, das damals noch zu Griechenland gehört. Finanziell leidet er keine Not, weil er aus einem reichen Elternhaus stammt. Dadurch hat er die notwendigen Freiheiten, sich ganz der Philosophie zu widmen. Wobei eine der Besonderheiten des Parmenides darin besteht, seine Gedanken in Versform kundzutun.

Berühmtheit erlangt ein Disput, den er seinerzeit – so erzählt es uns jedenfalls Platon – mit Sokrates in Athen geführt haben soll. Darin spricht Parmenides Sätze wie »Wenn du nun die Größe selbst teilen willst und dann jedes von den vielen großen Dingen durch einen als die Größe selbst kleineren Teil der Größe sein soll, ist das nicht offenbar unvernünftig?«, die schon so manchem hoffnungsvoll gestarteten Philosophiestudenten den Mut geraubt und zu einem spontanen Wechsel des Studienfachs bewegt haben. Tatsache ist jedoch: Nur wenige Denker haben der Philosophiegeschichte derart ihren Stempel aufgedrückt wie Parmenides. Er ist der Erste, der sich tief und ausgiebig mit dem Problem von Sein und Schein beschäftigt und damit einen wichtigen Markenstein, womöglich sogar den ersten Markenstein auf dem Weg des philosophischen Denkens setzt.

Eines seiner Lehrgedichte beginnt mit der Geschichte eines Mannes, der das »Haus der Nacht« verlässt, »abseits vom Wege des Menschen«, auf einem Wagen, den die »Sonnenmädchen« begleiten. Nach gutem Zureden der Sonnenmädchen öffnet ihm Dike, die Göttin der

Gerechtigkeit, das »Tor der Wege von Tag und Nacht«. Nach dessen Durchschreiten erklären ihm schließlich die Götter den Unterschied von Sein und Schein. Eigentlich eine einfach gestrickte Story, doch sie gibt bereits tiefe Einblicke in das Wesen der Philosophie – und darin, wie sich ein Mensch dem Philosophieren nähern sollte. Nämlich als jemand, der aus der Nacht der Unwissenheit kommt, und der dann seinen Weg geht, abseits des herkömmlichen Denkens der übrigen Menschheit. So wird er weiter mutig und mit viel Intuition (dafür stehen die Sonnenmädchen) seinen Weg gehen, und die Götter werden ihm dann schließlich das Tor zur Weisheit öffnen und ihm die ewige Wahrheit erklären. Wohlgemerkt: Nicht er selbst, sondern die Götter werden ihm die Wahrheit eröffnen. Ein typisches Element des griechischen Weltverständnisses, wonach man philosophische Erkenntnisse nicht durch angestrengte Hirnakrobatik erfährt, sondern dadurch, dass sie sich selbst offenbaren und in ihrem eigenen Lichte erscheinen, und der Mensch nichts weiter dazu beitragen kann, als sich geduldig dem interesselosen Schauen hinzugeben. Mit anderen Worten: Philosophie ist nicht die Aktion eines bemühten, aber verkrampften Grüblers, sondern ein Geschenk, das die Götter leichten Herzens demjenigen gewähren, der mutig genug ist, abseits der herkömmlichen Pfade des Denkens zu wandeln, und sensibel genug, die ihm zugesandten Signale zu verstehen.

Übernehmen Sie diesen Satz getrost als Kernsatz für Ihre Gebrauchsanweisung zum Philosophieren, sozusagen als notwendiges Charaktermerkmal eines Philosophen. Hüten Sie sich vor dem Grübeln und vor zu hoch angesetzten geistigen Ansprüchen nach dem Motto »Dieses Problem muss ich auch noch unbedingt lösen!«. Pflegen Sie vielmehr die Entspannung, lassen Sie die Gedanken auf sich zukommen, anstatt sie mit aller Kraft er- und begreifen zu wollen – und Sie werden schon bald Ihre ersten philosophischen Aha-Erlebnisse feiern!

Also: Lehnen wir uns zurück. Und gehen weiter auf unserem Weg aus der Dunkelheit des Nicht-Wissens. Folgen wir Parmenides durch das Tor der Götter.

Dies zu sagen tut not: Nur Seiendes gibt es,
Aber das Nichts ist nicht. Das bitt' ich dich wohl zu bedenken.

Parmenides (etwa 540–480 v. Chr.)

Für Parmenides ist die Wahrheit dasjenige, das der Meinung entgegengesetzt ist. Wobei er unter »Meinung« die alltägliche Art des Menschen begreift, die Welt zu sehen. Und diese Art besteht im Wesentlichen darin, die Einzelheiten zu sehen, anstatt aufs Ganze zu achten. Der Einzel-Blick bringt es wiederum mit sich, dass wir die Dinge in stetem Widerstreit miteinander sehen. Wir sehen das Kalte im Widerstreit mit dem Heißen, das Feste im Widerstreit mit dem Flüssigen, das Licht im Gegensatz zum Schatten, das Detail im Kontrast zum Hintergrund

und auch uns selbst mit unseren Meinungen in stetem Zwist mit anderen Menschen und ihren Meinungen. So ein Leben und Erkennen im ständigen Zweispalt ist, so weiß Parmenides, nicht nur ziemlich anstrengend, sondern auch ein Fehler. Denn es verstellt den Blick auf das wahre Sein, das wesentlich als unteilbare Einheit bestimmt ist.

Ein weiterer Nachteil des Einzel-Blicks: In ihm verbindet sich das Sein mit dem Nicht-Sein. Denn das Einzelne ist, was es ist, nur weil es nicht ein anderes Einzelnes ist. Dieser Satz schließt sich letzten Endes logisch aus dem oben Gesagten, wonach unser alltäglicher Blick die Dinge in stetem Widerstreit miteinander sieht, und der letzte mögliche Widerstreit ist eben der von Sein und Nicht-Sein. Also: Ich bin Klaus, weil ich nicht Lisa bin, und der Haifisch ist ein Haifisch, weil er kein Delfin ist. Und selbst wenn ich gebildeter Mensch bin und denke, der Delfin ist zum Delfin geworden, beispielsweise dadurch, dass seine Vorfahren vom Land ins Wasser gegangen sind, bringe ich das Nichts ins Spiel, weil ich ja postuliere, dass der Delfin früher eben kein Delfin, sondern etwas anderes war.

Bleibt die Frage, ob wir etwas, das im Grunde nur eine Negation, also ein Nicht-Sein ist, überhaupt denken können. Die Antwort des Parmenides darauf fällt eindeutig aus: Es ist unmöglich. Denn Denken ist stets das Denken über ein Objekt – und setzt damit notwendig das Sein voraus. Was im Umkehrschluss bedeutet: Unser Alltag mit seinem Blick auf Einzelheiten ist im Prinzip pure Gedankenlosigkeit. Wir lösen möglicherweise wohl das eine oder andere Problemchen, aber ansonsten bewegen wir uns in einer Scheinwelt aus Einzelheiten, die im Grunde nichts sind. Das eigentliche Denken jedoch, so proklamiert es Parmenides, setzt erst da ein, wo wir diese Welt verlassen und uns dem Blick aufs unveränderliche Ganze zuwenden. Erst dann verlassen wir die Uneigentlichkeit des Scheins – und betreten die Eigentlichkeit des Seins.

Spüren Sie, wie da philosophiert wird? Oder sind Sie einfach nur verwirrt? In diesem Falle sollten Sie sich trösten! Denn Parmenides ist, um es mal mit der Terminologie der Klitschko-Brüder zu sagen, »schwäärre Kost«. Doch keine Sorge. Man kann ihn »packen«. Man muss nur das tun, was er als Erstes fordert: nämlich den alltäglichen Einzel-Blick mit seinen alltäglichen Erklärungen zu überwinden und sich aufs Unerklärliche einzulassen.

Der Grund und Boden, auf dem all unsere Erkenntnisse und Wissenschaften ruhen, ist das Unerklärliche. Auf dieses führt daher jede Erklärung, mittelst mehr oder weniger Mittelglieder, zurück; wie auf dem Meere das Senkblei den Grund bald in größerer, bald in geringerer Tiefe findet, ihn jedoch überall zuletzt erreichen muss.

ARTHUR SCHOPENHAUER (1788–1860)

Konzentrieren wir uns auf die Kernaussage des Parmenides: Wenn man denkt oder spricht, so denkt und spricht man immer über etwas. Daraus folgt, dass Dinge, über die man denken oder sprechen kann, auch tatsächlich existieren, während umgekehrt das Nichtseiende auch gleichzeitig undenkbar ist.

An dieser Stelle neigt man dazu, abzunicken, denn die Denkbarkeit des Seins und die Nicht-Denkbarkeit des Nichts liegen ja auf der Hand. Doch nicken Sie nicht zu früh! Seien Sie ein Philosoph! Getreu der Schopenhauerschen Maxime, keine Frage zurückzuhalten und gerade das, was selbstverständlich klingt, auf den Prüfstand zu stellen.

Werden wir konkret. Stellen wir uns vor, dass wir an eine Person denken, die wir kennen. Klar, dass dies einwandfrei funktionieren wird, weil die betreffende Person uns ja bekannt ist. Wir wissen, wie sie aussieht, wie sie spricht und wie sie sich bewegt. Denken und Realität stimmen hier bestens überein. Doch jetzt stellen wir uns jemanden vor, den wir nicht kennen. Beispielsweise einen wunderbar schönen Menschen (gleichgültig, ob Frau oder Mann) mit dichtem Haar, symmetrischem Gesicht, vollen Lippen, fließend-federndem Gang und reiner Haut. So schön, dass er unmöglich in der Wirklichkeit existieren kann, dass er niemals existiert hat und auch niemals existieren wird. Haben wir nun damit das Postulat des Parmenides widerlegt, wonach alles, was denkbar ist, auch existieren muss?

Nein, das haben wir nicht. Im Gegenteil.

Parmenides würde uns nämlich sagen, dass wir uns solche Schönheiten nur vorstellen können, weil sie eben sind. Und in der Tat: Es gibt Männer und Frauen, es gibt volles Haar, ebenmäßige Gesichter, reine Haut und auch den fließenden Gang. Sie existieren sogar, wenn wir die Augen ganz fest schließen. Deutlich sind sie da, vor unserem inneren Auge, oder etwa nicht? Gäbe es sie nicht, könnten wir sie ja gar nicht denken. Und dass unsere Schönheit, die alle Attribute auf einmal aufweist, real nicht existiert, ist dabei ganz nebensächlich. Sich darüber Gedanken zu machen, ist laut Parmenides bloße Gedankenverschwendung, die eigentlich gar nicht zum Denken gehört. Denn ein schöner Mensch, der in der Realität existiert, ist irgendwann einmal entstanden, und wird irgendwann einmal vergehen. Das gilt für Angelina Jolie ebenso wie für Brad Pitt. Gäbe es nicht die anderen Wesen, die nicht so schön sind (zu denen wir selbst wahrscheinlich auch zählen), würden wir sie gar nicht registrieren. Und gäbe es nicht die Begriffe »volles Haar« und »ebenmäßiges Gesicht«, könnten wir Angelina Jolie und Brad Pitt gar nicht als Schönheiten klassifizieren und benennen. Sie sind also bloße Erscheinungen, die ihre »Existenz« irgendwelchen Meinungen und anderen Erscheinungen verdanken – und einem steten Wandlungsprozess unterworfen sind. Warum also sonderlich darüber nachdenken?

An dieser Stelle lässt uns Parmenides allein. Er lässt sich nicht sonderlich darüber aus, was mir machen sollen, wenn wir nicht an Angelina Jolie und Brad Pitt denken dürfen. Das hat später Platon für ihn getan und gefordert, dass wir über das nachdenken sollten, was die Schönheiten schön macht. Also über die Schönheit an und für sich. Denn die wird noch sein, wenn die beiden Schauspieler schon längst gestorben sind. Sie wäre sogar da, wenn die beiden nie geboren wären.

Spätestens hier befinden wir uns dann in einem Bereich der Philosophie, der Ontologie genannt wird. Jener Lehre, in der die Welt in Seinsstufen unterteilt wird, so dass die einen Dinge mehr und die anderen Dinge weniger Sein haben. Wobei für Parmenides feststeht, dass den Erscheinungen der sinnlichen Welt eigentlich gar kein Sein zukäme. Er gesteht nur der Gedankenwelt eine wahrhafte Existenz zu, was vermutlich auch damit zu tun hat, dass Parmenides als Denker seiner eigenen Zunft ein überragendes Ansehen verschaffen wollte. Doch dagegen ist nichts zu sagen. Es sollte nach ihm sogar Philosophen geben, die sich als Verhängnis für die gesamte Welt (Nietzsche) oder als Endpunkt der Entwicklung des Weltgeistes (Hegel) betrachteten.

Was bei Parmenides jedoch schmerzlich vermisst wird, ist der Begriff der Ideen, sodass eigentlich nie so richtig klar wird, worüber er bei seiner Gedankenwelt eigentlich spricht. Merkwürdig auch, dass er dem gedachten Sein, obwohl er es für unteilbar hält, eine räumliche Ausdehnung zuspricht. Und erst recht ist seine These, wonach nur die Objekte des Denkens existieren, ein Problem, wenn mal einer von uns etwas leugnen will. Denn wie sollen wir jemals etwas leugnen? In diesem Falle müssten wir ja über etwas aussagen, was nicht ist. Und wenn dem so wäre, könnten wir nie etwas behaupten, so dass eigentlich alles Sprechen und Reden unmöglich ist. Sie sehen also: Das System des Parmenides weist noch diverse Lücken auf.

Doch all das kann seine Verdienste nicht schmälern. Im Gegenteil! Denn gerade diese Versäumnisse dienen anderen Denkern dazu, ihre eigenen Systeme aufzubauen. Wie Platon, der aus dem Parmenides seine Ideenlehre entwickelt. Und Descartes und viele andere. Die Kritik an ihren Vorgängern gehört zu den wichtigste Antriebskräften für Philosophen. Und wer sagt, dass man zur Kritik eine historische Größe wie Platon und Descartes sein muss? Selbst der kluge Platon gibt zu:

»Nicht der ist weise, der sich dünket, dass er wisse; sondern der ist weise, der seiner Unwissenheit inne geworden.«

Und das können wir doch alle, oder?

2. Anleitung
Alles wird gut: Warum es so schön ist, Ideen zu haben

Die Idee ist ein Schach,
das man der Wahrheit bietet.

José Ortega y Gasset (1883–1955)

Platon ist im Unterschied zu seinem Kollegen Demokrit ein humorloser Mensch. In seinem ganzen Leben hat ihn kein einziger Mensch jemals lachen sehen. Und verständig und Kompromisse suchend ist er auch nicht gerade. So versucht er beispielsweise, die Schriften von Demokrit verbrennen zu lassen, was ihm glücklicherweise nicht gelingt. Doch man sollte wegen dieser Charaktereigenschaften nicht zu hart mit Platon ins Gericht gehen. Denn er hat ein hartes Leben, auch wenn er als Sohn einer einflussreichen Aristokratenfamilie geboren wird.

So muss er mit ansehen, wie die griechische Demokratie nach ihrem goldenen Zeitalter unter Perikles auseinander fällt. Dem Peleponnesischen Krieg folgt die kurze, aber harte Regentschaft der 30 Tyrannen, die dadurch gekennzeichnet ist, dass sich die Adeligen für die Machtverluste rächen, die sie unter der jungen Demokratie erfahren mussten.

Und dann das Schicksal von Sokrates! Platon erlebt, wie sein großes philosophisches und moralisches Vorbild hingerichtet wird, obwohl er nichts anderes gemacht hat, als die Menschen zum Nachdenken und zu aufregenden Streitgesprächen zu animieren.

Nach dem Tode seines Meisters flieht Platon nach Megara, danach geht es weiter nach Ägypten und schließlich nach Syrakus auf Sizilien. Dort lernt er Dion kennen, den Schwager von Dionysos, seines Zeichens Tyrann von Syrakus. Während der Ältere ein grausamer Despot ist, zeigt sich der junge Dion den modernen Staatsideen Platons gegenüber aufgeschlossen. Der Haken daran: Die Theorien bekommen keine Chance, sich in der Praxis zu bewähren. Im Gegenteil! Nach einem heftigen Streit lässt Dionysos den Philosophen auf das Schiff eines Spartaners schleppen, mit dem Befehl, Platon fortzuschaffen und auf dem Sklavenmarkt zu verkaufen. Und zum Abschied gibt es noch den spöttischen Kommentar von Dionysos: »So viel Wert hat ein Philosoph, und er weiß es noch nicht einmal.«

Glücklicherweise wird Platon auf dem Markt von einem Freund freigekauft, der zudem ein Stück Land finanziert, auf dem der Philosoph seine Schule, die berühmte »Akademie«, eröffnen kann. Doch das

Glück währt nicht lange. Platon nämlich erliegt den Überredungskünsten von Dion, nach Syrakus zurückzukehren. Dessen Schwager ist gestorben und hat sein Zepter an seinen Sohn Dionysos den Jüngeren abgegeben, so dass der Weg für Staatsreformen im platonischen Sinne offen scheint. Doch das stellt sich schon bald als trügerisch heraus. Hofgünstlinge bezichtigen Platon und Dion des Hochverrats. Der junge Möchtegern-Reformer wird verbannt, während sein Lehrer in Syrakus wie ein Gefangener gehalten wird.

Erst geraume Zeit später gelingt Platon die Flucht. Doch wer denkt, er hätte damit genug Erfahrungen mit unberechenbaren Tyrannen gemacht, ist auf dem Holzweg. Im fortgeschrittenen Alter fährt Platon tatsächlich noch einmal nach Syrakus, sich das Schicksal wiederholt. Es gelingt ihm diesmal nur mit Mühe und tatkräftiger Hilfe von Freunden, sein bloßes Leben zu retten.

All diese biographischen Details sollte man im Hinterkopf haben, wenn man über Platons Philosophie spricht. Es ist klar, dass jemand, der immer wieder erleben muss, wie seine Ideen an der Realität zerschellen, ein spezielles Verhältnis zum Problem von Sein und Schein entwickelt. So könnte er die Ideen als Luftschlösser betrachten, die untauglich sind, sich im »harten« Leben zu behaupten. Oder aber die Wirklichkeit als ein Gebilde betrachten, das zu fadenscheinig, trivial und mangelhaft ist, als dass es jemals an die perfekte Welt der Ideen herankommen könnte. Wir erinnern uns, dass schon Parmenides diesen Gedanken entwickelt hat. Platon hat sich ihm angeschlossen. Und er hat ihm mit seiner Ideenlehre einen Glanz verliehen, der das Philosophieren bis heute zu erleuchten vermag.

Eine Idee ist nichts anderes
als der Begriff der Vollkommenheit,
die sich in der Erfahrung noch nicht vorfindet.

Immanuel Kant (1724–1804)

Mit Parmenides teilt Platon die Ansicht, dass die Sinneswahrnehmung nicht dazu taugt, wahre Einsicht über die Welt zu erlangen; denn die Sinne täuschen. Zur Erkenntnis dessen, was ist, gelangen wir daher nicht mit Hilfe der Sinneswahrnehmung, sondern indem wir die Wahrnehmung überschreiten und uns im reinen Denken betätigen. Dies erfordert freilich, dass die Seele sich auf sich selbst zurückzieht oder, wie Platon es ausdrückt, dass »sie sich auf sich selbst hin versammelt«. Was freilich nur funktioniert, indem wir uns vom Leib befreien, indem wir also unsere Begierden, Schmerzen und überhaupt alles, was vom Leib herrührt, hinter uns lassen. Nun könnte man hier natürlich einwenden, dass ein Leben ohne den Leib ja eigentlich kein Leben mehr wäre. Das Pikante: Platon würde uns darin völlig Recht geben. Behauptet er doch:

»Diejenigen, welche sich auf rechte Weise mit der Philosophie befassen, scheinen nichts anderes zu betreiben als zu sterben und tot zu sein, ohne dass es freilich die anderen merken.«

Philosophie ist im platonischen Sinne also ein Streben nach dem Tod. Weil sie letzten Endes zum Ziele haben muss, sich vom Leib zu trennen, um ganz im wahren Sein aufgehen zu können. Einige Mönche haben im Mittelalter versucht, diesem Ideal gerecht zu werden. Haben sich kasteit und ihren Leib verleugnet, für ein Leben im wahrhaften Sein. So etwas kommt heutzutage natürlich nicht mehr so recht an. Ganz zu schweigen davon, dass die Mönche mit ihren Selbstqualen der Wahrheit keinen Schritt näher kamen, sondern sich ihr Leib durch die Torturen nur noch stärker und fordernder meldete. Es ist daher sinnvoll, die platonische Idee vom reinen Geist als das zu nehmen, was sie ist. Nämlich als eine Idee, die zu schön ist, um Realität werden zu können. Wer also Philosoph werden will, muss auch im platonischen Sinne nicht komplett auf seinen Leib verzichten. Es reicht, wenn er ihm einfach keine Priorität einräumt. Ihn also als das nimmt, was er ist, nämlich als eine Notwendigkeit, die es nicht wert ist, dass man ihr größere Beachtung schenkt. Wer so denkt, kommt dem Philosophen, wie ihn sich Platon vorstellt, schon ziemlich nahe.

Bleiben die Fragen: Wie sieht sie denn nun aus, die Welt jenseits der Sinneswahrnehmungen? Bleibt denn überhaupt etwas übrig, wenn wir die Sinneswelt hinter uns lassen?

Ein Vergleich zwischen sinnlicher Wahrnehmung und reinem Denken kann uns die Antwort auf diese Fragen erleichtern. Betrachten wir die sinnlich wahrnehmbare Welt, so stellen wir fest, dass die darin vorgestellten Dinge eines gemeinsam haben: Sie sind vergänglich. Alles verändert sich, das eine schneller, das andere langsamer. Alles sinnlich Wahrnehmbare unterliegt dem Wandel, dem Entstehen und Vergehen.

Ganz anders sieht es demgegenüber in der Welt des reinen Denkens aus. Hier geht es nicht darum, ob der eine Mensch gerecht ist oder nicht, sondern um die Gerechtigkeit an sich. Hier geht es nicht darum, ob der eine Mensch gut ist oder nicht, sondern um das Gute an sich. Die Fragen nach solchen Dingen können jedoch nicht mit Hilfe der sinnlichen Erfahrung beantwortet werden und auch nicht dadurch, dass man die Menschen nach ihrer Meinung dazu befragt. Denn dadurch würde man allenfalls Gesichts- bzw. Standpunkte gewinnen, aber keine zuverlässige Aussage über das, was wirklich ist. Woraus folgt: Allgemeingültige Aussagen haben weder in der sinnlichen Wahrnehmung noch in menschlichen Meinungen einen Halt.

Andererseits kennen wir aber durchaus allgemeingültige Sätze. Wie etwa: $2 + 2 = 4$. Ein Satz, der sich nicht auf die Sinneswelt beziehen kann, denn darin verändert sich alles, doch die Summe von 2 und 2 bleibt ja immer 4. Und falsch ist er auch nicht, oder? Also muss er unveränderlich sein. Wo aber gibt es solches Unveränderliches, und wie kann es erfasst werden?

Genau an diesem Punkt schlägt die große Stunde des Philosophen Platon. Gab sich Parmenides noch damit zufrieden, dass es der Philosophie überlassen ist, sich mit dem Unveränderlichen, mit dem wahrhaft Seienden zu beschäftigen, geht Platon noch einen entscheidenden Schritt weiter. Er fragt: »Was ist das Seiende?« Und antwortet: »Das Seiende ist das, was ist.« Wobei das Schwergewicht nicht auf dem »ist«, sondern auf dem »was« liegt. Doch was ist damit gemeint?

Nennen wir beispielsweise einen Menschen schön. Dieser beneidenswerte Mensch ist nicht etwa schön, weil er ein Mensch ist. Denn wenn er hässlich wäre, bliebe er ja trotzdem ein Mensch, aber seine Schönheit wäre verschwunden. Der schöne Mensch ist mithin etwas, bei dem das Schöne ist und das von ihm weichen kann, insofern ja alles sinnlich Wahrnehmbare weichen kann. Das Schöne selbst aber oder die Schönheit an sich kann nicht von selbst verschwinden. Es ist identisch mit sich selbst, unteilbar, und kann sich deshalb nicht auflösen. Es ist unveränderlich – und bleibt, was es ist. Das unwandelbar Schöne wird immer als Schönes gesehen, allerdings nicht durch die Wahrnehmung, sondern durch das schauende Denken. Und genau da kommt der Begriff der »Idee« ins Spiel. Weil nämlich das griechische »idea« auf Deutsch »Aussehen« und »Gestalt« bedeutet.

Die Ideen sind von sich aus das, was sie sind, im Gegensatz zum sinnlich Wahrnehmbaren, das immer nur durch Hinzutreten von etwas anderem entsteht. Ideen sind einmalig. Es mag also zahllose schöne, gerechte und gute Menschen geben, doch Schönheit, Gerechtigkeit und vor allem das Gute sind einmalig und unteilbar. Platon hat später die Ideen ontologisch gewichtet, das heißt, er hat sie auf einer Seinstabelle hierarchisch angeordnet. So steht die Idee des Guten an der Spitze der Seinspyramide, hat also den größten Seinsanspruch, weil es Sein und Wesen der anderen Ideen begründet. Von den übrigen Ideen stehen einige dem Guten besonders nahe. Wie etwa die Idee der Gerechtigkeit, die näher am Guten dran ist als die Idee der Tapferkeit und erst recht näher dran als die mathematischen Ideen wie etwa Dreieck oder Zahl. Solche Hierarchien sind sicherlich anfechtbar und sollen an dieser Stelle daher nicht näher behandelt werden. Was bleibt, ist Platons Ideelehre an sich. Verfolgen wir doch mal, was sie für den »Normalbürger« bedeuten kann, der noch dabei ist, die ersten Seiten der Gebrauchsanweisung zum Philosophieren zu lesen.

Der beste Teil der Schönheit ist der,
den ein Bild nicht wiedergeben kann.

Francis Bacon (1561–1626)

Halten wir noch einmal fest: Die Idee ist das wahrhaft Seiende, es ist das, welches das Was-Sein einer Sache sehen lässt. Während ein schöner Mensch oder auch ein schönes Bild lediglich flüchtige Erscheinungen sind, ist die Idee hinter ihnen, nämlich das Schöne an sich, ewig und unveränderlich.

Klar, dass etwas Unveränderliches wie die Idee der Schönheit nicht in Geld aufzuwiegen ist. Die einzelnen Schönheiten können es jedoch sein. Schauspielstars wie Brad Pitt oder Angelina Jolie kassieren millionenschwere Gagen, und für die Bilder eines Vincent van Gogh oder eines Rembrandt werden ebenfalls millionenschwere Beträge hingelegt. Was die Frage aufkommen lässt, ob sie das Geld wert sind.

Bleiben wir bei dem Beispiel der Bilder. Fragen wir, ob es die Schönheit ist, die rechtfertigt, beispielsweise für ein Portärt des »Dr. Gachet« von Vincent van Gogh 95 Millionen Dollar zu bieten, wie es vor einigen Jahren bei einer Versteigerung geschah.

Wer die Kunstszene kennt weiß, dass zahlreiche Faktoren eine Rolle spielen, wenn es um den Wert eines Gemäldes geht. Wie etwa die Persönlichkeit des Künstlers und seine Bedeutung für die Kunstgeschichte, oder auch nur die Bereitschaft einer reichen Klientel, ihr Geld in Kunst anstatt in Gold oder Aktien anzulegen.

Trotzdem erzeugen Van-Gogh-Werke bei den meisten Betrachtern den Kommentar: »Mein Gott, diese Bilder sind wirklich schön.« Es muss also etwas dran sein an ihnen, unabhängig von den atemberaubenden Preisen, die für sie bezahlt werden. Sie sind schön. Doch sind sie wirklich schöner als anderer Bilder, die beispielsweise von der Zeichengruppe des benachbarten Seniorenheims angefertigt werden?

Was würde Platon zu dieser Frage sagen? In jedem Falle würde er zugestehen, dass der Preis eines Gemäldes rein gar nichts über seine Schönheit aussagt. Denn jeder Preis ist letzten Endes eine Meinungssache, eine persönliche Angelegenheit von Käufern und Verkäufern. Und wir erinnern uns: Meinungen dürfen im Reich des Idealen keine Rolle spielen, dies hat schon Parmenides als »Irrweg« bezeichnet. Weswegen es auch ohne Aussagewert wäre, die Bilder van Goghs und der Seniorengruppe einer repräsentativen Anzahl von Menschen zur Betrachtung vorzulegen, um sie um ihr Urteil zu bitten. So etwas macht man in der Soziologie, nicht aber in der Philosophie.

Platon würde auch nicht behaupten, dass die Bilder van Goghs größere Anteile der Idee des Schönen aufweisen als die Werke der Seniorengruppe. Weil nämlich das Schöne unteilbar ist und daher nicht mit unterschiedlich großen Kübeln über die Kunstwerke ausgeschüttet werden kann. Eines aber würde Platon sagen: dass die Bildern van Goghs dem Schönen näher sind und das Schöne mehr transzendieren als die Bilder der Seniorengruppe. Und warum? Weil van Gogh einen besseren Draht zum Schönen hatte, weil er nicht nur handwerklich besser war, sondern auch über mehr Intuition verfügte. Wenn van Gogh den Pinsel nahm, dann wurden seine Bilder auch schön, weil er das Schöne in sich spürte. Wenn ein Mitglied der Seniorengruppe den Pinsel nimmt, dann wird das Bild möglicherweise nett anzusehen sein, doch es wird nur geringfügig den Weg zum Schönen weisen. Es wird den Betrachter nicht zu jenem erhabenen Erlebnis führen können, wie er es beim Betrachten von Van-Gogh-Bildern spürt.

Bleibt die Frage, wie ein Mensch zu diesem Urteil kommen kann. Gibt es objektive Kriterien, die festlegen, dass ein Werk von van Gogh schön, ein Bild der Seniorengruppe jedoch allenfalls nett anzusehen ist. Die Antwort, im platonischen Sinne, ist eindeutig: nein! Der Grund: Sofern ich objektive Kriterien für das Schöne angebe, bewege ich mich in der sinnlich erfahrbaren Welt, und das darf ich in Anbetracht der Idee des Schönen nicht. Wer also beispielsweise sagt, die Bilder von van Gogh sind schön, weil sie besonders bunt, harmonisch, tiefgründig, geheimnisvoll oder sonst etwas sind, begeht einen Kategorienfehler, weil er mit Begriffen aus der Sinnlichkeit etwas erfassen will, was prinzipiell nicht sinnlich erfahrbar ist. Was heißt, dass wir über Schönheit eigentlich nicht sprechen können. Wir können sie nur intuitiv, ohne Worte erkennen. Ein Kunstkritiker würde also vor Platons Augen keine Gnade finden.

Sie werden es sicherlich bemerkt haben: Wir bewegen uns jetzt auf dem Plateau der intuitiven Erkenntnis, also dort, wo wir ohne Begriffe erkennen, also die Wahrheit erspüren, anstatt sie uns zu erreden. Das mag auf den ersten Blick ungewöhnlich erscheinen für die Philosophie und ihre Vertreter, die ja nicht gerade sparsam mit Worten umgehen – ist es aber nicht. Das intuitive Erkennen der Wahrheit, wie sie jenseits der sinnlichen Wahrnehmung ist, gehört zu den klassischen Gebieten der Philosophie: Es ist die Metaphysik.

3. Anleitung
Tabula rasa: Du musst nichts wissen, stelle nur die richtigen Fragen

Bemühe dich, nicht alles wissen zu wollen, sonst lernst du gar nichts.

Demokrit (ca. 460–370 v. Chr.)

Wie stellt man sich einen Skeptiker vor, also einen Menschen, der eine Vernunft, die ohne sinnliche Erfahrung arbeitet, für funktionsunfähig hält? Wie sollte jemand aussehen, der Sätze sagt wie:

»Die menschliche Phantasie ist von Natur aus schwungvoll; sie ergötzt sich an allem Entlegenen und Außerordentlichen und durcheilt ohne Kontrolle die entferntesten Teile von Raum und Zeit, um den durch Gewohnheit allzu vertrauten Gegenständen auszuweichen.«

Oder mit Sprüchen brilliert wie diesem:

»Die Schönheit der Dinge lebt in dem Geist, der sie wahrnimmt.«

Und wie stellt man sich einen Schotten vor, der just in dem Augenblick, als er die feine Gesellschaft im Paris des 18.Jahrhunderts betritt, von ganzen Schwärmen hübscher Frauen umlagert wird, die ihm an den Lippen hängen.

Denkt man bei alledem nicht an einen Mann wie Sean Connery, der mit seiner unwiderstehlichen Männlich- und Sinnlichkeit die Umwelt bezaubert? Oder wenigstens an einen Ästheten, der weiß, was schön ist, und auch durch sich selbst eine gewisse Anmut ausstrahlt?

Alles ganz falsch!

Bei dem Mann, der die oben zitierten Sätze aussprach und von den Pariser Frauen umlagert wurde, handelt es sich vielmehr um den Philosophen David Hume. Und der wird von einem Zeitgenossen und Anhänger seiner Philosophie wie folgt beschrieben:

»Sein Aussehen spottete jeder Physiognomik, und der Tüchtigste in dieser Wissenschaft würde nicht die mindeste Spur seiner Geisteskräfte in den nichtssagenden Gesichtszügen entdecken können. Sein Gesicht war breit und fett, sein Mund groß und von einfältigem Ausdruck. Die Augen leer und geistlos, und beim Anblick seiner Korpulenz hätte man eher glauben können, einen Schildkröten essenden Ratsherren als einen kultivierten Philosophen vor sich zu sehen.«

Auch Humes berufliche Geschichte lässt keine Rückschlüsse auf Empfindsamkeit und Feinsinnigkeit zu. Sein Studium der Jurisprudenz bleibt ohne Abschluss, in Bristol beginnt er mit einer kaufmännischen Lehre, die er ebenfalls abbrechen muss, weil er die Briefe seines Chefs nicht nur einfach abtippt, sondern auch noch einer orthographischen und stilistischen Korrektur unterzieht. Als Gesellschafter eines geisteskranken Marquis droht er beinahe selbst psychisch zu zerbrechen, und als Sekretär eines Generals wird er verspottet, weil er mit seiner massiven Leibesfülle in Uniform eher lächerlich als furchterregend aussieht. Als Bibliothekar gewinnt Humes Leben zwar an Stabilität, doch von Sinnlichkeit und aufregendem Skeptizimus ist zwischen all den verstaubten Bücherregalen natürlich auch nicht viel zu spüren.

Und die Frauen?

Als es Hume als Gesandtschaftssekretär nach Paris verschlägt, begegnet man ihm dort in der Tat mit allergrößtem Interesse, weil man seinerzeit an der Seine schon weitaus offener für aufklärerische Gedanken ist als an der Themse. Hume schreibt aus dieser Zeit:

»Sie fragen mich nach meinem Leben? Ich kann nur sagen, dass ich nichts als Ambrosia esse, nichts als Nektar trinke, nichts als Weihrauch atme und auf nichts als Blumen wandle.«

Auch die Frauen liegen ihm zu Füßen, in der Oper wird sein feistes Gesicht zwischen den Antlitzen bezaubernder Damen gesehen. Doch den Philosophen lässt das kalt. Seine Selbstbeschreibung: »Ich bin ein Courmacher, der weder Ehemänner noch Mütter beängstigt.« Eine Heirat ist für ihn ausgeschlossen. Denn: »Eine Frau gehört nicht zu den unentbehrlichen Lebensbedürfnissen.« Und Paris ist es für Hume auch nicht. Er verlässt die Metropole, ohne ihr eine Träne nachzuweinen: »Ich bin entschlossen, die feinen Leute zu verlassen, bevor sie mich verlassen.«

Man sieht auch hier wieder einmal mehr: Wer seinen Blick nur äußerlich auf das Leben eines Philosophen wirft, wird dort möglicherweise nur wenig entdecken, was auf sein Werk hinweist. David Hume macht alles andere als den Eindruck eines Sinnesmenschen, der mit seinem Skeptizismus die platonisch-reine, alle Erfahrung überschreitende Ideenwelt demontiert. Und dennoch ist er gerade das. Philosophieren ohne David Hume ist, als wenn man sich von seinem Videogerät immer denselben Film vorspielen lässt, weil man vergessen hat, die Wiederholungstaste zu entriegeln. Er darf daher in einer Gebrauchsanweisung zum Philosophieren nicht fehlen.

Es ist nichts im Verstand, was nicht vorher im Sinn gewesen wäre.

JOHN LOCKE (1632–1704)

Um das Denken David Humes besser verstehen zu können, sollte man sich ein wenig mit einem seiner Vorgänger beschäftigen, nämlich mit dem englischen Philosophen John Locke. Einem durch und durch bescheidenen Mann, der sein Schaffen weniger unter dem Gesichtspunkt sieht, ein grandioses neues System zu begründen, sondern darin, mit den Irrtümern der platonisch-idealistischen Philosophie aufzuräumen: »Es ist Lohnes genug, als Kärrner beim Einebnen zu helfen und etwas vom Schutt wegzuräumen, der den Weg der Erkenntnis versperrt.«

Und diese Aufgaben des philosophischen Entrümplers hat Locke mit britischer Beharrlichkeit erledigt.

Den Ausgangspunkt seiner Überlegungen bildet die Erkenntnis, dass jeder philosophischen Betrachtung zunächst eine Untersuchung über das Vermögen des Verstandes vorausgehen müsse. Denn man dürfe seine Gedanken nicht einfach auf dem weiten Meer der Dinge schweifen lassen, als wäre alles ihr naturgegebener Raum. John Locke wird mit diesem Anspruch zum Gründervater einer speziellen Richtung der Philosophie, nämlich der Erkenntniskritik.

Lockes zentrale Frage lautet: Wie gelangen überhaupt Vorstellungen und Begriffe ins Bewusstsein?

Grundsätzlich gibt es darauf drei mögliche Antworten: Die Ideen, die wir in unserem Bewusstsein vorfinden, sind entweder von außen hineingekommen oder aus dem Material der von außen kommenden Vorstellungen gebildet, oder aber sie sind von allem Anfang darin enthalten, also angeboren. Das Letztere kommt freilich für Locke nicht in Frage. Sein Credo lautet:

»No innate ideas.« – Keine angeborenen Ideen.

Denn schon der Blick auf ein Kleinkind oder auf primitive Völker lehrt, dass es keine Ideen gibt, die »immer, überall und bei allen« vorhanden sind. So wie etwa die platonische Idee des Guten, von der ja unter den Völkern recht unterschiedliche Vorstellungen existieren können. Der Inhalt des Bewusstseins kann also nur aus den beiden erstgenannten Quellen, der äußeren oder inneren Erfahrung stammen, wobei die innere von der äußeren abgeleitet ist. Vor der Erfahrung, ist also nichts im Bewusstsein, es herrscht Tabula rasa oder, wie Locke es ausdrückt, ein »weißes Stück Papier«.

Die Ideenwelt funktioniert also nicht ohne Erfahrung. Eine Aussage, die sich natürlich entschieden gegen die Ideenlehre von Platon richtet. Denn sie bedeutet beispielsweise, dass wir die Idee des Schönen eben nur dadurch sinnvoll füllen können, indem wir an schöne Dinge oder eben an schöne Menschen wie Angelina Jolie und Brad Pitt denken und damit ausdrücklich unsere sinnlichen Erfahrungen einfließen lassen. Wobei dadurch natürlich eine Menge Subjektivität hereinkommt, die so ganz und gar nicht im Sinne der »Meinungsfeinde« Platon und Parmenides gewesen wäre: Die hätten Angelina Jolie und Brad Pitt als vorübergehende Zustände unserer imaginären Vorstellungswelt keines Blickes gewürdigt. John Locke hätte hingegen durchaus einen Blick riskiert – selbstverständlich aus rein erkenntnistheoretischen Motiven.

Dennoch ist auch er Philosoph genug, um nicht ein Denken jenseits der sinnlichen Erfahrung auszuschließen. Er gesteht ausdrücklich eine innere Ideenwelt zu, nennt sie aber »Reflexion«, die innere Erfahrung. Was deutlich machen soll, dass es auch in dieser Welt um etwas geht, das wir erleben müssen, somit also nicht in die Wiege gelegt bekommen. Dazu zählen beispielsweise das Vergleichen und Erinnern. Wenn wir also Angelina Jolie für schön halten, tun wir das nicht zuletzt deshalb, weil wir sie mit etwas aus unserer Erinnerung vergleichen, das sich bei uns als schön eingeprägt hat. Beispielsweise mit Sophia Loren, einer Comic-Figur oder, was Sigmund Freud wohl vermuten würde, mit unserer Mutter. Und selbst, wenn wir Angelina Jolie als unvergleichlich schön empfinden, können wir dies doch nur letzten Endes tun, indem wir sie mit den vorhandenen Schönheiten in unserem Gedächtnis verglichen haben und dabei nicht fündig geworden sind.

So weit, so gut. Allerdings lässt das Lockesche System eine Menge Fragen offen. Eine davon, möglicherweise die wichtigste: Wo bleibt da das Zusammenhängende, der Sinn hinter allem?

Ursache und Wirkung: eine solche Zweiheit gibt es wahrscheinlich nie – in Wahrheit steht ein Kontinuum vor uns, von dem wir ein paar Stücke isolieren; so wie wir eine Bewegung immer nur als isolierte Punkte wahrnehmen, also eigentlich nicht sehen, sondern erschließen.

Friedrich Nietzsche (1844–1900)

Ähnlich wie Locke wehrt sich David Hume gegen die seinerzeit unter Philosophen übliche Ansicht, wonach es angeborene Ideen gäbe, die aus sich heraus wahr seien, ohne jeden Bezug auf die Erfahrung. Eine Ansicht, die von Parmenides und Platon vorbereitet wurde, in der Scholastik des Mittelalters und von Descartes aber dazu genutzt wurde, die Idee des Selbst (»Ich denke, also bin ich«) und Gott (»Das Erste, was schafft und nicht erschaffen ist«) rechtfertigen zu können. Davon will Hume nichts mehr wissen. Seine Leitsatz: Verstand und Vernunft könnten aus sich selbst keine Wahrheit schaffen:

»Unsere Vernunft kann niemals ohne den Beistand der Erfahrung irgendwelche Ableitungen in Bezug auf wirkliches Dasein und die Tatsachen vollziehen.« Doch was bleibt dann übrig? Humes Antwort: letzten Endes nur die Sinneseindrücke, also die lebhaften Empfindungen, die wir haben, wenn wir hören, sehen, tasten, lieben, hassen und begehren. Von ihnen geht alle Erkenntnis aus, hinter sie kann man nicht mehr zurückgehen. Es ist daher überflüssig, nach einem An-sich-Sein hinter ihnen zu suchen. Der Sinneseindruck eines Stuhls ist das, was wir haben, und es ist Zeitverschwendung, nach dem zu suchen, was »Stuhl an sich« dahintersteckt.

Wenn wir jedoch die Welt auf das Sinnliche reduzieren, ergeben sich keine Zusammenhänge. »Der Geist ist eine Art Theater«, so Hume, »wo verschiedene Wahrnehmungen hintereinander erscheinen«. Wobei der Philosoph hier ein absurdes Theater im Auge hat, weil ja kein Sinn dahinter ist und die Einzeldinge auftauchen und verschwinden, ohne Bezug zueinander zu haben. So bleibt beispielsweise der Stuhl ein zweckloses Stück Holz, ohne Sinn, wir wüssten noch nicht einmal, dass er zum Sitzen da ist. Ein unerträglicher Zustand! Also, erklärt Hume, kommen die Vorstellungen ins Spiel. Erinnern Sie sich, dass wir diesen Begriff schon einmal hatten, am Anfang? Hier taucht er jetzt noch einmal auf. Wobei ihn Hume besonders eng versteht, also im Sinne des Vor-Stellens, dass wir den einzelnen Sinneseindrücken etwas Ganzes und Verknüpfendes voranstellen, damit sie einen Sinn für uns ergeben. So unterstellen wir beispielsweise beim Anblick eines Balles, der den Fuß des Fußballers verlässt, dass dieser den Ball geschossen hätte. Und wenn wir hohe Wellen im Meer sehen, unterstellen wir einen Zusammenhang mit dem Wind. Doch das sind, wie schon in diesen Sätzen angedeutet wird, Unterstellungen. Oder um es rhetorisch auf die Spitze zu treiben: Die Vorstellungen sind bloße Spekulationen, weil sie Zusammenhänge postulieren, die keineswegs zwingend notwendig sind. Denn die Wellen beispielsweise könnten ja auch durch ein Schiff ausgelöst werden oder gar einem Erdbeben.

Bleibt die Frage, warum wir mit Vorstellungen arbeiten, anstatt uns von den »Sinnesempfindungen pur« leiten zu lassen. Humes frappierend einfache Antwort dazu: Es ist die pure Gewohnheit. Und wenn wir unsere Methoden, Zusammenhänge zu konstruieren, ehrlich beurteilen, müssen wir zugeben, dass er damit gar nicht so falsch liegt. So warten wir immer noch auf den Sonnenuntergang, obwohl wir mittlerweile wissen sollten, dass sich die Erde um die Sonne dreht und nicht anders herum. An dieser Gewohnheit ist freilich nichts Schlimmes, damit hätte auch Hume keine Probleme. Doch wenn Tausende von Menschen bei einer Erkältung Antibiotika schlucken, obwohl ihre

Krankheit durch Viren ausgelöst wird, die überhaupt nicht auf Antibiotika reagieren, oder sich Tausende eine teure Unfallversicherung kaufen, obwohl die meisten Menschen durch Krankheiten zu Schaden kommen, sollte man schon einmal mit dem Humeschen Skepsishebel ansetzen. Und das gilt auch für den privaten Umgang. Der Satz nämlich »Du ist schuld daran, dass es mir schlecht geht« gehört zu den schlechten Angewohnheiten, mit denen Eheleute und andere Lebensgefährten sich das Leben zur Hölle machen, obwohl daran in aller Regel nichts Wahres ist. Hier wäre dann Humesche Skepsis angebracht, auch wenn dann am Ende nach einer nüchternen Analyse der Fakten möglicherweise herauskommt, dass man selbst an der eigenen Misere schuld ist. Doch wer sagt, dass beim Philosophieren immer ein Happy End herauskommt?

Mitunter bleibt dabei sogar das eigene Ich auf der Strecke.

Der verwirrte Geist neigt dazu, sich selbst als etwas von Bestand und Dauer zu betrachten. Doch er ist nichts als eine Sammlung von Neigungen und zufälligen Abläufen.

CHÖGYAM TRUNGPA (1940–1987)

Betrachten wir nun die Aussage Humes, wonach die kausale Verknüpfung unserer Sinneseindrücke nicht etwas Notwendiges ist, sondern etwas, das wir aus Gewohnheit zugefügt haben, einmal bis zur letzten Konsequenz. Wenn wir sie nämlich auf alle Bereiche ausdehnen, bedeutet sie, dass auch die Vorstellung, wonach ich diese oder jene Handlungen oder Gedanken in Gang setze, keinesfalls notwendig ist. Wenn wir also sagen »Ich habe in meinem Leben viel erlebt« oder »Ich denke, dass Hume in seinen Vorstellungen danebenliegt« oder »Ich habe Karriere gemacht«, so unterstellen wir damit, dass es ein Ich gibt, das die beschriebenen Handlungen in Gang gesetzt hat. Dieses Ich ist jedoch nicht mehr als eine Vor- oder Unterstellung, denn in unserer Erlebniswelt existiert eigentlich, wenn wir sie näher betrachten, überhaupt kein Ich. Denn das Ich mag zwar der Ort für unsere Sinneseindrücke sein, doch es selbst ist kein Sinneseindruck. »Unser Ich oder die Persönlichkeit«, erklärt Hume, »ist kein Eindruck. Es soll ja vielmehr das sein, worauf sich unsere verschiedenen Eindrücke und Vorstellungen beziehen.« Was wir Ich nennen, ist also bloß ein Miteinander von Empfindungen, »ein bloßes Bündel oder eine Sammlung verschiedener Bewusstseinsinhalte, die sich mit unbegreiflicher Schnelligkeit folgen und beständig in Fluss und Bewegung sind«.

Die Humesche Skeptik bringt also auch das Ich zu Fall. Das Bemerkenswerte: Sie deckt sich in dieser Hinsicht mit zentralen Gedanken, wie sie im Zen-Buddhismus vertreten werden. Auch dort wird die Kausalität als etwas der Welt Zugefügtes betrachtet und das

Ich als eine bloße Vorstellung, als ein Schiff, das wir mühsam konstruiert haben, um besser auf dem Ozean des Lebens klarzukommen. Der aufklärerische Schotte aus der puritanischen Aera entwickelt also ähnliche Gedanken wie einige Jahrhunderte zuvor die Mönche in China und Japan. Sein Verdienst wird dadurch aber keineswegs geschmälert, verfährt er doch in seiner Methodik anders – eben abendländisch-rational – als die Denker des Zen, von denen Hume kaum etwas gewusst haben wird. Das Beispiel von David Hume und den Zen-Buddhisten zeigt vielmehr, dass wir uns beim Philosophieren nicht nur auf eine Richtung versteifen sollten. Das asiatische Denken verläuft zwar, was schon allein in den unterschiedlichen Sprachsystemen begründet ist, anders als das abendländische, doch es gehört gleichsam zur Philosophie. Und es hat, wie wir im nächsten Schritt unserer Gebrauchsanweisung zum Philosophieren sehen werden, durchaus einen konkreten Wert für das Leben, wie wir es in unseren Breiten führen.

Jage nicht der Vergangenheit nach,
suche nicht nach der Zukunft.
Die Vergangenheit ist vorbei,
die Zukunft ist noch nicht da.
Sehe klar und auf der Stelle
das Objekt, das jetzt da ist.
Finde den stillen, unbeweglichen
Zustand des Geistes
und lebe darin.

GAUTAMA BUDDHA (ETWA 560–480 V. CHR.)

Eine der grundlegenden Erkenntnisse des Buddhismus besteht darin, dass es nichts gibt, das beständig wäre. Denn wie sagte es Gautama Buddha: »Alles, was der Bedingung des Entstehens unterworfen ist, ist auch der Bedingung des Vergehens unterworfen.« Ein Gesetz vom ewigen Wandel, das erst recht für unser Ich Gültigkeit hat. Denn bei näherer Betrachtung dieses Ichs fällt auf, dass sich auch hier ständig wechselnde Empfindungen und Gedanken miteinander abwechseln, wobei das Eine die Ursache des Nächsten und dieses wiederum die Ursache eines weiteren Nächsten ist und so weiter. Da ist nichts, was über einen winzigen Augenblick hinaus gleich bliebe, kein beständiger Kern, an den man sich klammern könnte. Und von daher gibt es auch nichts, was man als »Ich« bezeichnen könnte. Dieses Ich ist in Wahrheit nichts anderes als ein Scheingebilde ständig sich wandelnder Prozesse.

Laut Zen-Lehre werden wir der Nicht-Existenz des Ichs am besten in der Meditation bewusst. Denn hier folgt unsere Aufmerksamkeit ganz unserer Atmung. Atmen wir ein, gelangt die Luft in die innere Welt. Atmen wir aus, gelangt sie an die äußere Welt. So glauben wir es jedenfalls, zu Beginn unserer Atembetrachtung. Doch schon bald, wenn wir uns wirklich gedankenfrei und ohne Ablenkung mit unserem Atem beschäftigt haben, entpuppen sich innere und äußere Welt als Chimären, die sich nur scheinbar voneinander abgrenzen. In Wirklichkeit gibt es nämlich nur eine Welt. Und damit ist auch der Untergang des Ichs besiegelt. Der Zen-Meister Shunryu Suzuki (1905–1971) erklärt dazu:

»Wenn ihr denkt: Ich atme, so ist das Ich etwas Hinzugefügtes. Es gibt kein Du, das Ich sagen könnte. Was wir Ich nennen, ist nichts als eine Schwingtür, die sich bewegt, wenn wir ein- und ausatmen. Sie bewegt sich – das ist alles. Wenn euer Geist rein und ruhig genug ist, dieser Bewegung zu folgen, ist da nichts: kein Ich, keine Welt, weder Geist noch Körper, nur eine Schwingtür.«

Damit dieser Erkenntnisprozess in Gang kommen kann, ist es jedoch notwendig, dass wir der Atembewegung gewahr werden. Wir sollten also nicht geistesabwesend sein, sollten aber auch nicht das Ich erneut ins Zentrum des Bewusstseins rücken. Auf diese Weise, so Suzuki, würden am Ende sogar Raum und Zeit im Nichts aufgelöst:

»Wenn ihr Zen praktiziert, gibt es auch keine Vorstellung von Raum oder Zeit. Ihr könnt sagen: ›Wir haben in diesem Raum um Viertel vor sechs begonnen zu sitzen‹ – dann habt ihr eine Vorstellung von der Zeit und dem Raum. Was ihr aber tatsächlich tut, ist: einfach sitzen und der allumfassenden Aktivität gewahr zu sein. Das ist alles. In diesem Moment öffnet sich die Schwingtür in die eine Richtung und im nächsten Moment in die andere. Augenblick für Augenblick wiederholt jeder von uns diese Aktivität. Hier gibt es keine Vorstellung von Zeit und Raum.«

Dem »Abendländler« fällt es traditionell schwer, den Schwingtür-Untergang von Ich, Raum und Zeit zu akzeptieren, diese drei wesentlichen Merkmale unseres Daseins einfach »wegzuatmen«. Daran hat er sich einfach zu sehr gewöhnt. Und wenn er Ich, Raum und Zeit untergehen lassen will, dann will er sie möglichst »wegdenken«, so wie es Hume gemacht hat. Tatsache ist, dass beide Methoden zum Ziel führen, das Ich untergehen zu lassen. Rationale Typen fahren vermutlich mit der Humeschen Skeptik besser, intuitive haben es leichter mit dem Zen-Buddhismus. Was freilich nicht heißen soll, dass es auch umgekehrt funktioniert. Es gibt immer wieder intellektuelle »Kopfmenschen«, denen es gelingt, sich in die gedankenlose Achtsamkeit des Zen fallen zu lassen. Genauso wie man schon von sechsjährigen Kindern nach einer wild durchträumten Nacht mitunter Fragen hört wie: »Ich wollte die ganze Zeit über raus aus meinem Traum, doch es hat nicht geklappt. Warum hat es nicht geklappt?« Da melden sich schon in jungen Jahren, ohne jemals von Philosophie gehört zu haben, die ersten Zweifel, ob das Ich wirklich alles so unter Kontrolle hat.

Es gibt also prinzipiell zwei Wege zur Auflösung des Ichs: einmal reflexiv, über die Skeptik, und einmal intuitiv, über die Meditation. Das klingt gut – sofern man damit einverstanden ist, sein Ich aufzuheben. Doch da erheben sich natürlich gleich die Fragen: »Wer will das schon? Was macht es für einen Sinn, das Ich auszulöschen? Kommen wir mit einem Ich, auch wenn es das Ergebnis eines Trugschlusses ist, nicht leichter und besser durchs Leben?«

Tabula rasa: Du musst nichts wissen ...

Um inmitten des Ozeans der Wahrheit zu schwimmen,
muss man sich selbst auf Null zurückführen.

Mahatma Gandhi (1869–1948)

Angenommen, Sie kommen mit einem – Ihnen bis dato unbekannten – Menschen auf einer Party ins Gespräch. Wie lange wird es dauern, bis Sie sich gegenseitig erzählen, welchen Beruf Sie ausüben? Oder sich darüber austauschen, was Ihre Hobbys sind oder wie Sie Ihre Kinder erziehen? Es wird sicherlich nicht allzu lange dauern, und sie werden sich, sofern sie sich nur halbwegs sympathisch finden, einander erzählen, was Sie so den Tag über machen. Daran ist nichts Schlimmes, denn letzten Endes erleichtert es uns die Kommunikation. Denn mit der Frage »Was machen Sie denn so?« kommt man leichter ins Gespräch als mit der Frage »Was halten Sie von der Erkenntniskritik Immanuel Kants?«.

Wenn wir uns jemand anderem vorstellen, dann pflegen wir ihm in der Regel zu erzählen, was wir beruflich machen, welche Hobbys wir haben, welche Musik wir hören und – sofern wir in Deutschland sind (in den USA ist das weniger der Fall!) – welche politischen Ansichten wir vertreten. Doch ist damit das, was wir wirklich sind, erschöpft? Fehlt da nicht etwas ganz Entscheidendes, nämlich die Möglichkeit, auch etwas anderes sein zu können als das, was wir gerade sind?

Nun ist es verständlich, dass wir im Gespräch mit jemanden nicht unser Innerstes nach außen kehren, denn wir wollen uns ja nicht entblößen und den Zuhörer nicht in Verlegenheit bringen. Doch uns selbst gegenüber könnten wir diese Fesseln eigentlich fallen lassen. Tatsache ist jedoch, dass wir auch in unserem Selbstverständnis nur schwer über das hinauskommen, was wir den anderen erzählen: Der Journalist sieht sich auch selbst als Journalist, die Krankenschwester betrachtet sich auch selbst als Krankenschwester, und die Haus- und

Ehefrau sieht sich auch selbst als Haus- und Ehefrau. Wir existieren nicht, sondern definieren uns lediglich über die Rollen, die wir ausfüllen. Wobei jeder von uns mehrere Rollen ausüben kann, und deren Zahl in den letzten Jahren sogar zugenommen hat, insofern das alltägliche Leben immer komplexer geworden ist und beispielsweise Frauen mehr ins Berufsleben und die Männer mehr ins Privatleben vorgedrungen sind. Ein Mensch hat heute mehr Rollen denn je zur Auswahl, die er ausfüllen und durch die er sich selbst definieren kann. Das klingt toll. Einerseits. Andererseits ersticken nicht wenige an der Qual der Wahl, die ihnen diese Vielfalt lässt. Und außerdem: Mögen es noch so viele Attribute sein, auf denen wir unser Ich gründen, es hängt doch immer eine Frage wie ein Damoklesschwert über uns: »Was bleibt von uns übrig, wenn all die Rollen verschwunden sind? Was sind wir, wenn wir kein Journalist, kein Familienvater, keine Ehefrau und kein Kirchgänger sind? Ein Nichts?«

Die Antwort darauf: Wir sind sogar weit entfernt vom Nichts. Es verheißt uns vielmehr, dass wir durch das Abstreifen unserer abstrakten Rollen die Freiheit gewinnen, etwas Neues zu werden. Also: Nehmen Sie sich die Freiheit, auszuprobieren, was Sie sind, wenn Sie kein Prokurist, kein Steuerzahler, kein Autofahrer oder sonst etwas sind. Dabei kann es helfen, zu meditieren oder Musik zu hören, auf Berge zu steigen oder im Watt zu stapfen. Es kann aber auch schon zu existenziellen Erlebnissen führen, wenn man einfach mal den Weg zur Arbeit wechselt oder vom eigenen Auto auf den öffentlichen Nahverkehr umsteigt. Die Wege zu Ich-Verlust und purer Seinserfahrung können vielfältig sein, ebenso wie es ungewiss ist, was dabei herauskommt. Weswegen denn auch dieser Schritt eine gewisse Grundportion Mut voraussetzt. Nicht zuletzt deshalb, weil wir uns – zumindest für einen Moment – von all dem verabschieden müssen, was uns beschäftigt hält und uns dadurch einen gewissen Halt im Alltag verschafft. Doch wie heißt es so schön im Zen:

Wenn du mit dem Tun aufhören willst, um zu sein,
wird eben dieses Bemühen dich mit Tun erfüllen.

4. Anleitung
Die Gewissensfrage: Lohnt es sich, ein guter Mensch zu sein?

Es gibt bereits alle guten Grundsätze. Wir brauchen sie nur anzuwenden.

Blaise Pascal (1623–1662)

Der Königsberger Philosoph Immanuel Kant wird immer wieder gerne als Prototyp des Professors beschrieben: weltfremd im Elfenbeinturm lebend, wo er das Wissen sammelt wie ein Eichhörnchen den Wintervorrat; ungelenk in den Umgangsformen, immer irgendwo zwischen belesener Gravidität und zerstreuter Lächerlichkeit; und wenn überhaupt einmal ein Hauch von Erotik seine Seele durchweht, dann nur, wenn er über ein für ihn interessantes Thema referiert.

Tatsache ist freilich, dass Kant wohl einige »Macken« hat, ansonsten aber keineswegs im Elfenbeinturm lebt. Als vorbildlicher Gastgeber hört er den unterschiedlichsten Menschen zu, und er selbst ist spannender Erzähler. Auch sammelt er keineswegs das Wissen wie ein Eichhörnchen, sondern gehört zu jenen seltenen Geistern, die wirklich unabhängig sind und eigene Gedanken formulieren, dabei aber auch nicht vergessen, die Verdienste anderer kluger Köpfe zu würdigen – eine Charaktereigenschaft, die bekanntlich bei Professoren ausgesprochen selten zu finden ist. Und was die Erotik angeht: Kant ist durchaus interessiert, doch es hat eben nie so richtig gefunkt. Immerhin dreimal überlegt er, ob er heiraten soll. Doch leider überlegt er jedes Mal zu lange, so dass die Angebetenen entweder unverrichteter Dinge abreisen oder aber im Bett eines anderen landen. Das hört sich in der Tat nicht nach überschäumender Liebeslust an. Doch für Kant spricht, dass er niemals nachkartet und sein Schicksal als Junggeselle ohne Murren hinnimmt – er wechselt nicht ins Lager der Frauenhasser, wie das viele seiner Philosophenkollegen getan haben.

Wenn die Persönlichkeit Kants überhaupt als Prototyp taugt, dann eher in Bezug auf einen Moralisten als auf einen Professor. Und zwar nicht in Gestalt eines Moralisten, der irgendwelche selbst gezimmerten Gebote über dem Küchentisch hängen hat, die dann den Mitmenschen mit erhobenem Zeigefinger vorgetragen werden, egal, ob die wollen oder nicht. Sondern in Gestalt eines echten moralischen Menschen, der Moral nicht etwa lehrt, sondern sie lebt. Und zwar so lebt, dass nicht nur er, sondern die gesamte Menschheit davon profitiert. Ein Aspekt, der auch das Werk des Königsberger Philosophen durchdringt. Schon als Kind ist der kleine Immanuel anders als die anderen. Zwei

Dinge sind es, die den aufgeweckten Knirps beschäftigen: »Der bestirnte Himmel über mir und das moralische Gesetz in mir«. Beides, die Frage nach der Möglichkeit der Naturerkenntnis wie auch Fragen des sittlichen Handelns, sollten zeitlebens seine philosophische Reflexion herausfordern.

Zunächst besucht Immanuel die Schule in der Hinteren Vorstadt, später wechselt er auf Zuraten eines Familienfreundes auf das Gymnasium »Fridericianum«, wo er in Latein, Religion, Mathematik, Kalligraphie (Kunst der Schönschrift), Theologie, Hebräisch, Französisch, Musik, Polnisch, Geographie und Philosophie unterrichtet wird. Wahrlich kein Pappenstiel, noch dazu, weil die Lehrer kein Erbarmen kennen. Vermutlich sind es diese Erfahrungen, die Kant später zu dem Ausspruch bewegen:

»Viele Leute denken, ihre Jugendjahre seien die besten und angenehmsten ihres Lebens gewesen. Aber dem ist wohl nicht so. Es sind die beschwerlichsten Jahre, weil man da sehr unter der Zucht ist, selten einen eigentlichen Freund und noch seltener Freiheit haben kann.«

Nach der Schulausbildung studiert Kant zunächst Theologie, später dann Philosophie. Bis zur akademischen Kariere sollen jedoch noch etliche Jahre vergehen. Kant ist zunächst gezwungen, sein Geld als Hauslehrer zu verdienen. Erst spät, im Alter von 46 Jahren, ernennt man ihn in Königsberg, das er zeitlebens niemals ernstlich verlassen wird, zum Professor für Logik und Metaphysik. Fortan führt er ein Leben ganz im Geiste der Philosophie, mit nie versiegendem Fleiß und unbeugsamer Disziplin.

So lässt er sich jeden Morgen um fünf Uhr von seinem Diener Lampe mit einem militärischen Kommando wecken: »Es ist Zeit!« Danach gibt es eine Tasse dünnen Tee, das Arbeitszimmer wird genau auf 24 Grad aufgewärmt. Bis sieben Uhr präpariert sich der Professor für seine Vorlesungen, die er sechs Mal pro Woche hält: von acht bis neun Logik, von neun bis zehn Mechanik, von zehn bis elf Theoretische Physik. Seine Vorträge hält Kant aus dem Stegreif, danach notiert er die Gedanken, die ihm dabei gekommen sind. Um exakt ein Uhr steht das Mittagessen auf dem Tisch. Mit knurrendem Magen erwartet er seine Gäste: mindestens drei – nach der Zahl der Grazien, den römischen Göttinnen der Anmut – und niemals mehr als neun – nach der Zahl der Musen, den griechischen Göttinnen der Künste. Es gibt immer drei Gerichte und eine halbe Flasche Wein pro Kopf. Bier gibt es nie, Kant hält es für gesundheitsschädlich. Wenn er hört, dass jemand viel zu früh verstorben ist, sagt er: »Vermutlich hat er Bier getrunken.«

Nichts bringt Kant derart aus der Fassung wie ein Einbruch in die Regelmäßigkeit seines Lebens. Liegt einmal ein Messer oder eine Schere in ungewohnter Richtung, wird er wütend. Als ihn ein Edelmann zu einer Spazierfahrt mitnimmt und erst gegen zehn Uhr zurückbringt, ist er regelrecht aufgelöst. Und er macht später direkt eine Maxime daraus, nämlich »sich nie von jemanden zu einer Spazierfahrt mitnehmen zu lassen«. Ein moralisches »Gesetz«, das Kant niemals mehr verletzen wird.

Jetzt kann man natürlich mutmaßen, ob das schon mitunter zwanghaft wirkende Festhalten Kants am Gewohnten nicht schon autistische Züge trägt. In der Psychologie wird gegenwärtig darüber diskutiert, ob er neben anderen Kulturgrößen wie Beethoven und Einstein am Asperger-Syndrom litt, einer moderaten Form des Autismus. Diese Frage wird wohl nicht mehr mit Gewissheit beantwortet werden können. Ganz zu schweigen davon, dass es in den letzten Jahren Mode geworden ist, Größen der Kulturgeschichte für krank zu erklären. Für unsere Thematik ist es zunächst einmal wichtiger, festzuhalten, dass Kants Leben ebenso korrekt wie langweilig verlief – und dass er trotzdem ein Werk hinterlassen hat, das wie kein anderes die Weltgeschichte beeinflusst hat. Es ist gerade das Unspektakuläre an Kant, das ihn so interessant für uns macht. Denn wenn wir ehrlich sind, wird ja wohl bei den meisten von uns das Leben eher unspektakulär verlaufen. Außerdem gehört ja auch die Ethik, über die wir jetzt zusammen mit Kant nachdenken werden, nicht unbedingt zu dem, was gemeinhin als spannend und revolutionär bezeichnet wird. Abenteuerromane und Filme leben von den Bösewichtern und Guten, die gegen sie kämpfen, und nicht von den Philosophen, die das Böse gar nicht erst aufkommen lassen wollen. Bruce Willis, Batman und andere Kämpfer für das

Gute beflügeln die Fantasie – doch Immanuel Kant, den brauchen wir, wenn wir uns moralisch im Alltag behaupten müssen. Wir brauchen ihn für unsere Karriere und Berufswelt, wir brauchen ihn für die Erziehung unserer Kinder und unseren Umgang mit den Mitmenschen und für die Frage der Fragen, ob es einen »lieben« Gott gibt. Da kommt Bruce Willis einfach nicht mit.

Es gibt nur eine Moral, genau wie es nur eine Geometrie gibt.

Voltaire (1694–1778)

Die entscheidenden Werke Immanuel Kants sind seine drei »Kritiken«. Die erste, die »Kritik der reinen Vernunft«, erscheint 1781, in der er sich mit Metaphysik beschäftigt. Und das keinesfalls in aller Bescheidenheit, denn er schreibt in der Einleitung: »Ich erkühne mich zu sagen, dass nicht eine einzige metaphysische Aufgabe sein müsse, die hier nicht aufgelöst oder zu deren Auflösung nicht wenigstens der Schlüssel dargereicht wird.«

1790 erscheint die »Kritik der Urteilskraft«, doch bereits 1788, gewissermaßen eingerahmt zwischen den beiden anderen »Kritiken«, erscheint die »Kritik der praktischen Vernunft«, in der genauestens dargelegt wird, was Ethik eigentlich ist und wie wir zu einem moralischen Leben gelangen können.

Schon der Begriff »praktisch« zeigt, dass es Kant in der »Kritik der praktischen Vernunft« weniger um den Menschen als erkennendes, sondern als handelndes Wesen geht. Am Anfang stehen die Fragen: »Wie sollen wir handeln? Wodurch soll unser Wille bestimmt sein?« Hierauf gibt es prinzipiell zwei mögliche Antworten: einmal, dass unser Wille durch Gesetze bestimmt wird, die in uns selbst liegen – in diesem Falle wäre der Wille frei. Oder aber, der Wille wird durch etwas bestimmt, das außerhalb von uns ist – in diesem Falle wäre er unfrei.

Die meisten Morallehren postulieren ein »höchstes Gut«, wie etwa Gott, Vollkommenheit oder Glückseligkeit, und weisen dann den Weg, wie man zu diesen Gütern kommt. Der Haken daran: Sie legen die Orientierungsschnur für unseren Willen außerhalb von uns selbst, und auf diese Weise könne man, wie Kant betont, kein allgemein geltendes Prinzip des Handelns gewinnen. Denn den Weg zu einem höchsten Gut findet man nur über die Erfahrung, und die ist ja bekanntlich so bunt wie ein Blumenstrauß. Oder plastisch ausgedrückt: Viele Wege führen nach Rom, doch zum moralischen Leitprinzip des Handelns darf nur einer führen. Wie richtig Kant damit liegt, zeigt schon allen das Beispiel der Religionen: Nicht nur Katholiken und Protestanten geraten sich bei ihrem Streit über den Weg zu ein und demselben Gott derart in die Haare, dass sie Krieg gegeneinander führen. Mit Moral hat dies freilich nichts zu tun.

Alle Grundsätze, die ein Objekt zur Orientierungsschnur des Willens machen, sind also ungeeignet, ein allgemein gültiges Gesetz zu begründen. Wir müssen einen anderen Weg finden. Und zwar dergestalt, dass wir aus moralischen Maximen wie »Du sollst das und das tun« und »Du sollst das und das lassen« das Objekt entfernen. Was dann übrig bleibt, ist die bloße Form eines Gesetzes. Das Prinzip der allgemein gültigen Ethik lautet also: Gib deinem Willen die Form einer allgemeinen Gesetzgebung! Das klingt nicht unbedingt nach viel. Doch wenn man ihn, wie Kant es tut, als kategorischen Imperativ formuliert, erklingt er wie ein ethischer Paukenschlag:

»Handle so, dass die Maxime deines Willens jederzeit zugleich als Prinzip einer allgemeinen Gesetzgebung gelten könne.«

Wollen wir in Frieden leben, muss der Friede aus uns selbst kommen.

Jean-Jacques Rousseau (1712–1778)

Weil es sich eben um die reine Form einer Gesetzgebung handelt, wirkt der kategorische Imperativ zunächst einmal fremd und leer auf uns. Kein »Du sollst nicht töten« oder »Du sollst nicht stehlen«, sondern lediglich eine abstrakte Aufforderung, unser Handeln so auszurichten, dass wir es uns als Grundlage allgemeiner Gesetze vorstellen können. Es lohnt sich jedoch, einen näheren Blick auf den kategorischen Imperativ zu werfen. Denn er ist gar nicht so abstrakt, wie er zunächst scheint, sondern in Wahrheit sehr konkret.

Betrachten wir zunächst den Begriff »Maxime«. Für Kant ist sie ein Grundsatz, der nur für das Handeln eines einzelnen Menschen gelten soll. Beispiel: Wenn ich mir vornehme, mein Körpergewicht zu reduzieren oder keinen Alkohol mehr zu trinken, so betrifft das nur mich, dann ist es meine Maxime. Ob andere dick bleiben oder sich ständig betrinken, spielt dabei keine Rolle. Es ist klar, warum Kant deshalb den Begriff der Maxime in seinen Imperativ getan hat. Er soll zum Ausdruck bringen, dass Ethik etwas Persönliches ist, und dass wir für unsere Handlungen persönliche Verantwortung tragen. Typischen Ausreden nach dem Muster »Es machen doch alle« oder »Ich habe nur auf Anweisung gehandelt« wird dadurch von vornherein der Zugang versperrt.

Demgegenüber bedeutet »Gesetz«, dass es für alle gilt. Wenn etwa in einem Staat ein generelles Trink- oder Rauchverbot durchgesetzt wird, heißt das, dass sich alle danach richten müssen.

Schließlich sollten wir auch noch den Begriff »kategorischer Imperativ« untersuchen. »Imperativ« heißt, dass wir zu etwas aufgefordert werden. Er sagt uns: Du sollst handeln. Er sagt uns also nicht: Du musst handeln. Imperative fordern, sie zwingen uns aber nicht. Wir können sie also befolgen oder aber auch missachten. Im letzten Falle müssen wir jedoch die möglicherweise daraus erwachsenden Konsequenzen tragen.

Ein Imperativ kann nun aber bedingt oder unbedingt sein. Wenn uns etwa der Arzt sagt: »Sie müssen mit dem Rauchen aufhören, wenn Sie Ihre Rente erleben wollen!«, ist das ein bedingter, ein hypothetischer Imperativ. Hypothetisch deshalb, weil es uns ja möglicherweise egal ist, ob wir jemals Rente bekommen. Das heißt: Der ärztliche Imperativ gilt für mich nur, wenn ich daran interessiert bin, das Rentenalter zu erreichen. Wenn ich hingegen der Meinung bin, dass Rente nur etwas für Spießer ist, nicht aber für mich, werde ich die Mahnung in den Wind schlagen und weiter rauchen. Demgegenüber ist ein »kategorischer Imperativ« eine unbedingte Aufforderung zum Handeln. Eine Einschränkung gibt es bei ihm nicht, er lässt mir keine Möglichkeit für ein Schlupfloch. Ich kann ihn zwar missachten, doch dann habe ich ihn nicht etwa, wie beim hypothetischen Imperativ, zu meinen Gunsten ausgelegt, sondern eben einfach missachtet – und muss die entsprechenden Konsequenzen tragen.

Aus unseren Begriffserklärungen folgt: Der kategorische Imperativ von Kant ist eine persönliche Angelegenheit, die uns in die Pflicht fürs Allgemeine nimmt. Wenn ich beispielsweise schwanke, ob ich meinem Kollegen die Ehefrau abwerben soll, so brauche ich mich nur zu fragen: »Kann ich wollen, dass alle Männer sich gegenseitig die Frau und alle Frauen sich gegenseitig den Mann abwerben?« Das würde jede Art fester Beziehung oder Ehe, die ich anstrebe, unmöglich machen. Dementsprechend sollte ich also besser die Finger von der Frau meines Kollegen lassen.

Ähnlich greift der kategorische Imperativ beim Lügen. Angenommen, Sie haben den Geburtstag Ihres Kindes vergessen. Es guckt Sie an mit großen und feuchten Augen, doch Sie haben nichts, was Sie ihm geben könnten. Sie haben einfach den Geburtstag vergessen. Was tun? Zur Notlüge greifen? Beispielsweise erzählen, dass Sie das Geschenk in Ihrem Büro vergessen haben? Oder das Geschäft den Gameboy, den Sie eigentlich schenken wollten, nicht rechtzeitig bestellt hat? Gemäß dem kategorischen Imperativ müssten Sie nun sich selbst fragen, ob Sie wollen, dass alle Menschen Lügen zu ihrem Prinzip machen. Jetzt können Sie natürlich einwenden, dass es sich ja um eine Notlüge handelt, also um einen Ausnahmefall, der besondere Maßnahmen erfordert. Doch in diesem Falle würden Sie aus dem kategorischen einen bedingten, einen hypothetischen Imperativ machen, der zwischen dem Regel- und dem Ausnahmefall unterscheidet. Das jedoch wäre im kantischen

Sinne keine Grundlage, auf der man eine vernünftige Ethik bauen kann. Also wird Ihnen nichts anderes übrig bleiben, als die Wahrheit zu sagen, dass Sie den Geburtstag schlicht vergessen haben. Oder aber zu lügen, dass sich die Balken biegen. Doch dann müssen Sie auch die möglichen Konsequenzen tragen. Und die könnten möglicherweise sein, dass Ihnen Ihr Kind niemals mehr etwas glauben wird, oder aber seinerseits mit dem ungehemmten Lügen anfangen wird. Können Sie das allen Ernstes wollen?

Es kann sein, dass nicht alles wahr ist, was ein Mensch dafür hält; aber in allem, was er sagt, muss er wahrhaft sein.

Immanuel Kant (1724–1804)

Ein weiteres Beispiel soll belegen, wie es sich auf Sie auswirken kann, wenn Sie kategorische Imperative verwässern. Stellen Sie sich folgende Situation vor: Die Familie hat im Restaurant gut gegessen. Vater, Mutter, und die 10-jährige Tochter ist auch dabei. Der Kellner bringt die Rechnung. Vater zahlt per Kreditkarte, und als er den Beleg zurückbekommt, kritzelt er etwas auf dessen Rückseite. Die neugierige Tochter nimmt den Zettel und schaut sich das Gekritzel an. Und sagt, so dass es jeder hören kann: »Aber der Dr. Kiesewetter hat doch gar nicht mit uns gegessen.« Und in der Tat: Dr. Kiesewetter, ein Geschäftspartner von Papa, ist nirgendwo zu sehen. Die Eltern kriegen schamrote Köpfe.

Peinlich. Nicht nur, weil es alle im Restaurant mitbekommen haben. Sondern vor allem deshalb, weil es für die Tochter mehr als nur ein Hinweis auf einen kleinen Steuerbetrug ist, sondern ein ernsthafter Anlass, an der Integrität ihrer Eltern zu zweifeln.

Eine Begebenheit aus dem Alltag, die zunächst wie eine Bagatelle wirkt. Doch in ihren Auswirkungen zeigt sie, dass sie eben keine Kleinigkeit ist. Denn stellen wir uns weiter vor, wie die Tochter einige Wochen später um 24 Uhr in der Nacht von einer Party nach Hause kommt. Der Vater ist empört. Wirft ihr vor, dass sie böswillig sein Vertrauen missbraucht und sie belogen hätte, als sie versprochen hat, um spätestens 22 Uhr wieder zu Hause zu sein. Die Tochter reagiert kühl: »Was willst du mir von Lügen und Vertrauen erzählen. Im Restaurant habe ich ja gesehen, wie dein Verhältnis zur Wahrheit ist. Ich sage nur: Dr. Kiesewetter.« Peinlich, oder? Denn die Tochter hat Recht. Der Vater hat in dem Moment als moralisches Vorbild ausgedient, als er im Restaurant den Beleg fälschte. Dabei spielt es keine Rolle, ob er damit das Finanzamt betrog. Für seine Tochter ist dies ohne Bedeutung, und im Hinblick auf eine wahrhafte Ethik ist es ebenfalls ohne Bedeutung. Denn wer lügt, egal in welchem Zusammenhang, untergräbt damit den kategorischen Imperativ, macht aus ihm einen eingeschränkt gültigen Imperativ, der nicht mehr als moralisches Gesetz taugt. Und die Folgen bekommt der Vater zu spüren, als seine Tochter sich auch nicht mehr gezwungen sieht, sich an Absprachen zu halten.

Es bringt also auch ein Stück Lebensqualität, sich an den kategorischen Imperativ zu halten. Allerdings darf dies nicht das Motiv unserer Handlungen sein – denn dann ist es vorbei mit ihrer Moralität!

Reinheit des Herzens ist, in Wahrheit eines zu wollen,
und zwar das Gute, das seinen Lohn in sich selber trägt.

Sören Kierkegaard (1813–1855)

Man könnte natürlich sagen: »Gut, ich akzeptiere den kategorischen Imperativ und werde mir Mühe geben, ihn zu befolgen. Denn ich will, dass sich die anderen Menschen mir gegenüber auch korrekt verhalten.« Ich belüge also meine Tochter nicht, damit sie mich nicht belügt. Und bestehle auch niemanden, damit mich keiner bestiehlt. Frei nach dem Motto: »Was du nicht willst, was man dir tu, füg auch keinem anderen zu.«

Das klingt gut – doch Kant würde es nicht akzeptieren.

Weil es nämlich ein entscheidendes Merkmal des kategorischen Imperativs ist, dass er nicht vorschreibt, sondern aus ihm folgt, was gut ist. »Es ist überall nichts in der Welt, ja überhaupt auch außer derselben zu denken möglich, was ohne Einschränkung für gut könnte gehalten werden, als allein ein guter Wille«, sagt Kant. Was konkret heißt: Es kommt auf die innere Einstellung an! Wer jemand anderem hilft, weil er ihn gern mag oder weil er von ihm erwartet, dass er die Wohltat später irgendwie »zurückzahlt«, der tut zwar äußerlich etwas, was der kategorische Imperativ verlangt, doch seiner Handlung fehlt es an wahrhafter Moralität. Wer seine Tochter nicht belügt, weil er will, dass sie auch ihm die Wahrheit erzählt, handelt zwar ebenfalls – äußerlich betrachtet – gemäß dem kategorischen Imperativ, doch eigentlich tut er es nicht, weil er ja etwas zurückbekommen will, weil er darauf hofft, auf irgendeine Weise belohnt zu werden. In diesem Falle wäre unsere moralische Aktion lediglich ein weiteres Puzzle in der gewöhnlichen, sinnlich erfahrbaren Welt, wo die Dinge und Handlungen sich gegenseitig verursachen. Und genau das aber ist im kategorischen Imperativ ausgeschlossen, der ja ausdrücklich besagt, dass wir einen freien Willen haben, der nicht abhängig ist von den Bedingungen der sinnlichen Welt.

Erinnern Sie sich noch an das, was wir zum Ende der zweiten Anleitung zum Philosophieren gesagt haben? Dass es keine objektiven Kriterien geben kann, die festlegen, was das Schöne und das Gute ist? Weil wir dadurch diese beiden anfechtbar machen und damit zu einer relativen Sinneserfahrung degradieren, die nicht mehr als Richtschnur für unser Erkennen und Handeln taugt? Wir bewegen uns jetzt wieder auf dem gleichen Plateau. Nämlich jenem Plateau, das wir als typische Plattform der Metaphysik gekennzeichnet haben. Demnach ist auch der kategorische Imperativ etwas Metaphysisches – nicht umsonst heißt das Werk, das Kant seiner »Kritik der praktischen Vernunft« folgen ließ: »Grundlegung zur Metaphysik der Sitten«.

Dass unser moralisches Handeln metaphysisch ist, bedeutet, dass wir eigentlich nicht sonderlich darüber nachdenken und reden können. Weil in ihm ja keine Inhalte, mithin keine Werte festgelegt sind. Der moralische Mensch im kantischen Sinne ist also vor allem dadurch gekennzeichnet, dass er moralisch handelt, nicht aber dadurch, dass er moralisch reflektiert. Philosophen nach Kant haben daher seinen kategorischen Imperativ mit einem »moralischen Reflex« oder mit einer »moralischen Intuition« verglichen. Was nichts anderes bedeutet als: Man muss nicht viel wissen, um ein wahrhaft ethischer Mensch zu sein. Und man muss, wie Kant betont, keine moralische Kenntnis, keine hohen Ideale in sich tragen – man kann sogar ein Verbrecher sein, um am kategorischen Imperativ teilzunehmen:

»Es ist niemand, selbst der ärgste Bösewicht, wenn er nur sonst Vernunft zu brauchen gewohnt ist, der nicht, wenn man ihm Beispiele der Redlichkeit in Absichten, der Standhaftigkeit in Befolgung guter Maximen, der Teilnehmung und des allgemeinen Wohlwollens vorlegt, nicht wünsche, dass er auch so gesinnt sein möchte. Er kann es aber nur wegen seiner Neigungen und Antriebe nicht wohl in sich zustande bringen, wobei er dennoch zugleich wünscht, von solchen ihm selbst lästigen Neigungen frei zu sein.«

Das ist das eigentlich Faszinierende an der Ethik von Immanuel Kant: Sie geht davon aus, dass jeder Mensch die Neigung zum moralischen Handeln in sich spürt, sie aber aufgrund seiner Neigungen und Wünsche, die sich aus der sinnlichen Welt speisen, nicht umsetzen kann. Es ist also niemand vom kategorischen Imperativ ausgeschlossen, jeder hat die Chance, an ihm teilzunehmen. Auch wir! Wir brauchen dazu keinen Gott, keinen Lehrer und auch keine klugen Ratschläge. Sondern nur den Willen, den Menschen nicht für unsere Zwecke zu benutzen und uns von niemandem für dessen Zwecke gebrauchen zu lassen, sondern den Menschen an sich zum Zweck zu erheben. Oder wie Kant es in Abwandlung seines kategorischen Imperativs ausdrückt:

»Handle so, dass du die Menschheit, sowohl in deiner Person, als in der Person eines jeden anderen, jederzeit zugleich als Zweck, niemals bloß als Mittel brauchtest.«

Die Welt wäre sicherlich besser, wenn jeder von uns so handeln würde. Doch es klappt irgendwie nicht, und man hat sogar den Eindruck, dass es immer weniger klappt und die Unmoral immer weiter zunimmt. Warum eigentlich?

Liegt es vielleicht am unstillbaren Willen zur Macht?

5. Anleitung
Alles im Griff: Der Wille zur Macht

Nicht die Notdurft, nicht die Begierde – nein, die Liebe zur Macht ist der Dämon der Menschen. Man gebe ihnen alles, Gesundheit, Nahrung, Wohnung, Unterhaltung – sie sind und bleiben unglücklich und grillig: denn der Dämon wartet und wartet und will befriedigt sein. Man nehme ihnen alles und befriedige diesen – so sind sie beinahe glücklich – so glücklich, als eben Menschen und Dämonen sein können.

Friedrich Nietzsche (1844–1900)

Die Bilder und Fotos von Friedrich Nietzsche zeigen deutlich, dass der Mann, der solche Begriffe wie »Über-Mensch«, »Herrenmoral« und »Anti-Christ« einführt und populär macht, nicht mit einer strotzenden Gesundheit gesegnet ist. Denn man sieht ein eher schmächtiges Männchen mit zarten Fingern und schmalen Schultern, das versucht, mit einem überdimensionalen Schnurbart wenigstens einen Hauch von Männlichkeit und Stärke zu verströmen. Dabei ist Nietzsches Leben im Wesentlichen geprägt von Krankheiten, Niederlagen und Leiden. Als Mitglied einer Burschenschaft schlägt er linkisch mit dem Degen auf seine Kommilitonen ein, bis er den Männerbünden entflieht, um sich ganz der Musik, den Künsten und den alten Sprachen zu widmen. Doch Erlösung bringt ihm das nicht.

Seine anfangs euphorische Beziehung zum Komponisten Wagner und dessen Frau Cosima endet in der Enttäuschung: »Wagner wirkt wie ein fortgesetzter Gebrauch von Alkohol. Er stumpft ab, er verschleimt den Magen. Spezifische Wirkung: Entartung des rhythmischen Gefühls.« Nietzsches akademische Karriere versandet in der

Frührente, die intellektuelle Welt kann nichts mit ihm, der gerne »mit dem Hammer philosophiert«, anfangen. Zudem gesellen sich körperliche Probleme hinzu. Ständig wird Nietzsche von vernichtenden Kopfschmerzen geplagt, die ihn dazu zwingen, seine Werke in Aphorismen vorzulegen, weil die geistige Kraft einfach nicht ausreicht für dicke Wälzer, wie sie etwa Hegel und Kant hinterlassen haben.

Am Ende packt Nietzsche der Wahnsinn. Und es passt zu seinem tragischen Schicksal, dass sein geistiger Verfall, obwohl er vermutlich durch einen Hirntumor verursacht wird, viele Jahre lang den Spätfolgen einer Syphilis zugerechnet wird. Ausgerechnet, wo doch Nietzsche niemals Glück hat mit den Frauen und sogar bei einem Bordellbesuch so in Verlegenheit gerät, dass er sich sofort ans Klavier setzt und andere amüsiert, anstatt sich selbst zu amüsieren. Sein Verhältnis zum anderen Geschlecht bleibt angespannt: »Wehe, wenn erst das ›Ewig-Langweilige‹ am Weibe – es ist reich daran! – sich hervorwagen darf.« Das berüchtigte Peitschen-Zitat (»Du gehst zu den Frauen? Vergiss die Peitsche nicht!«) freilich ist nicht unbedingt diffamierend gemeint, insofern ihn Nietzsche von einem »alten Weiblein« und nicht von seiner Hauptfigur Zarathustra aussprechen lässt. Es ist eher als Hinweis auf den Weiberhass zu sehen, der mitunter alte Frauen befällt und über ihre jüngeren Geschlechtsgenossinnen zetern lässt.

Nichtsdestoweniger bleibt schon ein Widerspruch zwischen der ekstatischen und zuweilen männlich-brutalen Ausdrucksweise (in einem seiner Werke bezeichnet er Kant einmal als Idioten!) Nietzsches und seinem eigenen Leben. Es stellt sich daher die Frage, was von seinem »Willen zur Macht« zu halten ist, der zu den zentralen Begriffen seines Denkens zählt. Ist er möglicherweise bloß ein Ausdruck einer frustrierten Intellektuellenseele, die von Weltherrschaft und ewigem Siegen träumt? So ähnlich, wie es der ebenfalls körperlich mickrige und kränkelnde, dafür aber rhetorisch gewaltige Goebbels tat, als er sich im Schatten von Hitler zum Chef-Ideologen des Tausendjährigen Reichs emporredete? Ein Vergleich, der hinkt! Denn Nietzsche denkt beim »Willen zur Macht« kaum an Diktatoren und Tyrannen, und das zu seiner Zeit aufkommende Geschwafel von der arischen Herrenrasse bleibt ihm fremd und suspekt, genauso wie er dem aufkeimenden Antisemitismus mit Abscheu gegenübersteht: »Ein Antisemit wird dadurch durchaus nicht anständiger, dass er aus Grundsatz lügt.«

Was für Nietzsche zählt, ist der »Wille zur Macht« als ein Prinzip, das den Menschen zu seinen existenziellen Wurzeln führt. Ein Prinzip, das nicht nur Politiker und Herrschsüchtige von sich einnimmt, sondern auch Wissenschaftler, Künstler und »ganz normale« Menschen. Es ist eine Antwort und Alternative zum moralischen Willen von Immanuel Kant – und allein deshalb darf der »Wille zur Macht« in einer Gebrauchsanweisung zum Philosophieren nicht fehlen.

Die wahre Unschuld schämt sich nicht.

Jean-Jacques Rousseau (1712–1778)

Untersuchen wir also zusammen mit Nietzsche, was hinter der Geschichte vom Gewissen und vom freien Willen steckt. »Die Philosophen pflegen vom Willen zu reden«, so seine Beobachtung, »wie als ob er die bekannteste Sache von der Welt sei«. Wobei sie in der Regel meinen, dass der Wille jener Akt ist, der ein Handeln in Gang setzt. Doch so einfach sei das, wie Nietzsche warnt, gar nicht:

»Wollen scheint mir vor allem etwas Kompliziertes, etwas, das nur als Wort eine Einheit ist.«

Er empfiehlt daher, an die Thematik »unphilosophisch« heranzugehen:

»Sagen wir: in jedem Wollen ist erstens eine Mehrheit von Gefühlen, nämlich das Gefühl des Zustandes, von dem weg, das Gefühl des Zustandes, zu dem hin, das Gefühl von diesem ›weg‹ und ›hin‹ selbst, dann noch ein begleitendes Muskelgefühl, welches, ohne dass wir ›Beine und Arme‹ in Bewegung setzen, durch eine Art Gewohnheit, sobald wir ›wollen‹, sein Spiel beginnt.«

Ein komplexer Vorgang also, zu dem zu guter Letzt sich auch das Denken gesellt. Ein, wie Nietzsche es ausdrückt, »kommandierender Gedanke«, der sich jedoch bei näherem Hinsehen nicht vom Prozess des Wollens abscheiden lässt. Die Menschen und die meisten Philosophen machen aber nun genau diesen Fehler, dass sie den Prozess des Wollens in eine befehlende und eine ausführende Instanz aufteilen:

»Ein Mensch, der will, befiehlt einem Etwas in sich, das gehorcht oder von dem er glaubt, dass es gehorcht.« Und wenn er nun den Eindruck hat, dass sich das gehorchende Etwas dem befehlenden Etwas unterwirft, spricht er von einem freien Willen. Tatsache ist jedoch, dass dieser freie Wille lediglich ein Konstrukt ist, weil allein schon die

Unterteilung unserer Empfindungen in ein befehlendes und ausführendes Ich ein Konstrukt ist. Und wenn wir ehrlich sind, hat Nietzsche mit diesem Vorwurf absolut Recht. Denn wer von uns teilt sich selbst schon in einen Befehlsgeber und einen Befehlsempfänger auf, wenn er jeden Tag in die Arbeit geht, sich seine Brötchen holt oder bei der Bundestagswahl sein Kreuzchen macht? Wer kann schon sagen, bei welcher Aktion mehr oder bei welcher Aktion weniger freier Wille wirksam ist? Das Einzige, was wir wahrnehmen, ist die Handlung selbst. Und wenn wir den Eindruck haben, dass uns diese Handlung leicht und ohne Widerstände gelungen ist, fühlen wir uns wohl – und dann sprechen wir gern von einer Aktion, die unserem freien Willen entsprungen ist:

»Freiheit des Willens – das ist das Wort für jenen vielfachen Lust-Zustand des Wollenden, der befiehlt und sich zugleich mit dem Ausführenden als eins setzt – der als solcher den Triumph über Widerstände mit genießt, aber bei sich urteilt, sein Wille selbst sei es, der eigentlich die Widerstände überwinde.«

Der freie Wille mithin als ein Konstrukt, das in uns Triumphgefühle und Wohlbefinden erzeugt. Weswegen er, wie Nietzsche betont, vor allem von den Eitlen unter uns gepredigt wird. Der freie Wille gibt ihnen die Gelegenheit, zu jedem auch noch so kleinen Erfolg sagen zu können: »Das habe ich gemacht!« Denn hätte er keinen freien Willen, wäre er ja nicht verantwortlich für den Erfolg, sondern die Umstände, die ihn zu der erfolgreichen Handlung gezwungen haben.

Seien wir also vorsichtig, wenn uns jemand davon erzählt, dass doch jeder Mensch einen freien Willen hat. Denn er hat dabei seine Hintergedanken. Entweder den, dass er mit Hilfe des Begriffs seinen Anteil an einem Erfolg herausstreichen will. Oder aber, und auch davor warnt Nietzsche, dass er anderen Leuten einen freien Willen unterstellt, weil er sie dann besser bestrafen kann:

»Die Menschen wurden ›frei‹ gedacht, um gerichtet, um gestraft werden zu können, – um schuldig werden zu können: Folglich musste jede Handlung als gewollt, der Ursprung jeder Handlung im Bewusstsein liegend gedacht werden.«

Am Ende enttarnt Nietzsche auch noch das Prinzip des Gewissens als eine Strategie, mit der die Herrschenden die Menschen unter Kontrolle bekommen wollen. Denn wer erklärt, dass niemand der inneren Stimme seines Gewissens entgehen kann, behauptet damit, dass jeder die Strafe für seine unerwünschten Handlungen kriegt, auch wenn er nicht dabei erwischt und vor Gericht gezogen wird. Die Botschaft, die uns die Herrschenden damit geben, liegt auf der Hand: Tue nie etwas, das gegen unsere Regeln verstößt! Denn du bekommst deine Strafe, auch wenn wir dich erwischt haben, nämlich in Gestalt von Gewissensbissen! Das ist natürlich nichts anderes als eine Drohung und soll auch so klingen. Das Gewissen dient also den Herrschenden zur Abschreckung, um das Volk auf ihre Richtung zu trimmen:

»Der Glaube an Autoritäten ist die Quelle des Gewissens: Es ist also nicht die Stimme Gottes in der Brust des Menschen, sondern die Stimme einiger Menschen im Menschen.«

Fazit: Seien wir vorsichtig, wenn uns jemand vom freien Willen erzählt und davon, dass wir mit einem schlechten Gewissen schlecht schlafen können! Fragen wir, was er tatsächlich von uns will! Was meint beispielsweise ein Politiker, wenn er uns mahnt, mehr Eigenverantwortung für unsere Altersvorsorge zu übernehmen? Appelliert er damit tatsächlich an uns als mündige Bürger, an unseren freien Willen? Wohl kaum, denn wem von seinem Gehalt oder seiner Sozialhilfe nichts übrig bleibt, hat finanziell keinen Spielraum und kann daher auch keine Selbstverantwortung für seine Rente übernehmen. Eine Einschränkung des »finanziellen freien Willens«, die wohl für einen ziemlich großen Anteil der Bevölkerung zutrifft. Weswegen der Appell des Politikers wohl eher das Ziel hat, vom eigenen Versagen abzulenken, was die Probleme der Sozialversicherung angeht.

Ein anderes Beispiel: Was steckt dahinter, wenn Ihnen Ihr Chef ins Gewissen redet? Will er Sie wirklich zu einem besseren Menschen machen – oder will er Sie doch nur auf seinen Kurs und seine Wertvorstellungen trimmen?

Nietzsche hätte Ihnen wohl auch keine Antworten darauf geben können. Doch es reicht ja, wenn er zu den passenden Fragen anregt.

Wir sind uns aller unserer Wünsche bewusst, aber wir sind uns nicht der Motive dieser Wünsche bewusst.

Baruch de Spinoza (1632–1677)

Jetzt könnte man in Anbetracht der Nietzscheschen Kritik am freien Willen argumentieren: »O.k., wir akzeptieren, dass es den freien Willen nicht gibt und er uns nur von interessierten Kreisen eingeredet wird. Gehen wir also davon aus, das der Wille unfrei ist.« Was natürlich gewaltige Konsequenzen auf unser alltägliches Leben hätte. Denn in diesem Moment würde es praktisch keine Schuld mehr geben. Wir könnten jedes Mal, wenn wir etwas Schlimmes getan haben, darauf pochen, dass es nicht unsere Absicht war, sondern wir von äußeren Faktoren dazu gedrängt wurden, die wir nicht beeinflussen können. Und ein schlechtes Gewissen gäbe es natürlich auch nicht mehr. Denn dadurch, dass nichts mehr in unserer Verantwortung liegt, gäbe es auch nichts mehr zu bereuen. Nichts mehr, das uns auf der Seele läge und uns bedränge: »Was hast du nur getan?« Denn wir könnten ja stets antworten: »Ich habe es ja gar nicht getan, sondern etwas hat mich getrieben, es zu tun. Also wendet euch an dieses Etwas und nicht an mich.«

Doch wer glaubt, dass er in dieser Argumentation Nietzsche auf seiner Seite hätte, liegt falsch:

»Gesetzt, jemand kommt dergestalt hinter die bäurische Einfalt dieses berühmten Begriffs ›freier Wille‹ und streicht ihn aus seinem Kopfe, so bitte ich ihn nunmehr, seine ›Aufklärung‹ noch um einen Schritt weiterzutreiben und auch die Umkehrung jenes Unbegriffs ›freier Wille‹ aus seinem Kopfe zu streichen: ich meine den ›unfreien Willen‹, der auf einen Mißbrauch von Ursache und Wirkung hinausläuft.«

Worin besteht nun dieser Missbrauch? Er besteht darin, dass wir unser Handeln in gleicher Weise betrachten wie ein physikalisches In-

Bewegung-Setzen. Wir glauben also, dass unsere Handlungen nach dem gleichen Muster stattfinden wie der Vorgang, dass wir eine Kugel mit unserer Hand in Bewegung setzen: Wir stupsen die Kugel an, und schon setzt sie sich in Bewegung. Doch so funktioniert unser Handeln nicht. Es gibt nichts, was unser Handeln anstupst. Weder innen noch außen von uns. »Da folgt nicht die Wirkung auf die Ursache«, so Nietzsche, »da regiert kein Gesetz«. Diese Begriffe taugen allenfalls, damit wir uns mit anderen Menschen verständigen können. Doch zur Erklärung taugen sie nicht. Weil wir nämlich die Handlung unmöglich in den Willen vorher und die Aktion nachher aufteilen können.

Betrachten wir dazu die Aktion eines Menschen, der mit einer Pistole auf eine Zielscheibe schießt. Der Finger drückt auf den Abzug – und peng! Das klingt ja noch einfach. Doch was hat dazu geführt, dass sich der Finger bewegt hat? Richtig, eine Kontraktion von bestimmten Muskeln in der Hand, die wiederum durch Nervenerregungen aus dem Großhirn in Gang gesetzt wurden. Spätestens hier jedoch wird es problematisch mit der Kausalkette. Der Anhänger einer Theorie des

Willens, gleichgültig ob frei oder unfrei, wird nun behaupten, dass in dem Menschen ursprünglich ein Wunsch da war, auf die Scheibe zu schießen. Doch da stellt sich wiederum die Frage: »Wo wurde dieser Wunsch erzeugt?« Hier bleibt nur noch die reine Spekulation, eine wirklich sichere Erkenntnis wird sich jedoch nicht gewinnen lassen. Denn wir müssten letzten Endes darüber reden, wie sich der psychische Impuls (oder die unausgedehnte Sache, wie Descartes es ausgedrückt hätte) auf den Körper (oder die ausgedehnte Sache) übertragen lässt. Wie soll das gehen? Darüber lässt sich eigentlich nicht sinnvoll reden. Sondern allenfalls, wie Nietzsche es anmerkt, »mythologisch« spekulieren.

Fazit: Der unfreie ist ebenso wie der freie Wille das Resultat bloßer Spekulation. Und wie der eine ist auch der andere ein typischer Begriff im Arsenal der Herrschenden, mit dem sie die anderen Menschen unter Kontrolle halten. Wenn etwa ein führender Geistlicher seinen Schäfchen erzählt, dass er sich wie alle anderen Menschen dem göttlichen Willen fügen muss, meint er damit: »Seht her, ich muss mich fügen. Also müsst auch ihr euch fügen.« Was natürlich bedeutet, dass niemand aufbegehren soll, weder gegenüber dem Schicksal noch gegenüber der Kirche und anderen Autoritäten. Ähnliche Argumente wurden früher auch von Kaisern und Königen verwendet, und von den so genannten »Staatsdienern« und »Dienern des Gemeinwohls« werden sie bis heute benutzt.

Wir kennen aus der Geschichte nur zu gut, zu welchen Grausamkeiten ein Mensch fähig sein kann, der sich selbst als Gehorchender im Dienste einer höheren Sache wähnt. Von Hitlers Schergen hatten nur die wenigsten negative Erfahrungen mit Juden, und dennoch haben sie deren Auslöschung in die Realität umgesetzt, um Deutschland und der arischen Angelegenheit willen. Und als sie später vor Gericht kamen, blieben sie diesem Argument im Prinzip treu, nur dass sie sich selbst vom Erfüllungsgehilfen einer höheren Sache zum plumpen Befehlsempfänger von grausamen Vorgesetzten degradierten. Was deutlich macht: Es gibt nichts Besseres für die Rechtfertigung und Entschuldigung von Verbrechen als ein unfreier Wille.

Seien Sie daher vorsichtig, wenn Ihnen jemand vom unfreien Willen erzählt. Was meint beispielsweise ein Politiker, wenn er von der nahenden Globalisierung und ihren Sachzwängen spricht? Will er uns tatsächlich auf kommende Herausforderungen von Seiten der Weltwirtschaft hinweisen – oder doch nur darauf, dass ihn an der nationalen Wirtschaftskrise keine Schuld trifft? Oder was steckt dahinter, wenn Ihnen Ihr Chef mitteilt, dass auch er nur ausführt, was »die oben« ihm sagen? Will er tatsächlich Trost von Ihnen – oder schafft er sich nur eine weiße Weste, um Ihnen später leichteren Herzens die Leviten lesen oder Ihnen gar kündigen zu können?

Auch hier gilt: Nietzsche hätte Ihnen wohl auch keine Antworten darauf geben können. Doch es reicht ja, wenn er zu den passenden Fragen anregt.

Auf zweierlei Wirkung beruht alle Wirkung menschlicher Handlungen, auf Wille und Macht.

Anicius Boethius (480–524)

Egal also, ob der Wille frei oder unfrei ist, wir haben praktisch keine Möglichkeit, ihn wirklich zu erkennen. So weit Nietzsche zu dem Problem des Willens. Dennoch installiert er seinerseits einen neuen Willensbegriff, nämlich den Willen zur Macht. Wie kann er das machen, ist das nicht ein Widerspruch? Der Leser und Philosophie-Interessierte hat nun natürlich guten Grund, stutzig zu werden. Wie kann man erst den Willen als bloße Spekulation im Dienste der Mächtigen enttarnen, um ihn dann wieder über die Hintertür einzuführen? Wo doch Philosophen gemeinhin als logisch denkende Menschen gelten. Hat

Nietzsche da möglicherweise einfach einen Denkfehler begangen, eine Art philosophischen Fauxpas?

Nein, das hat er nicht. Nietzsche macht nämlich etwas, was typisch ist für Philosophen. Dass sie mit ihren Begriffen ein dialektisches Spiel betreiben. Dass sie einen Begriff nicht einfach wegwischen, wenn er ihnen nicht gefällt, sondern ihn aufheben. Und genau in diesem Begriff liegt das Wesen des dialektischen Spiels. Denn Aufheben kann ja einerseits heißen, dass ich etwa eliminiere, beispielsweise, wenn der Staat ein Gesetz aufhebt und damit für ungültig erklärt. Andererseits kann es aber auch heißen, dass ich etwas bewahre, so wie ich mir beispielsweise eine Trumpf für den Schluss eines Kartenspiels behalte. Im Begriff des Aufhebens liegt also sowohl das Eliminieren als auch das Bewahren und Erhalten. Und man kann dann sogar noch ein Charakteristikum draufsatteln, indem man nämlich Aufheben als Emporheben versteht, also in dem Sinne, dass ich etwas von unten auf eine höhere Ebene emporbringe. Am Ende haben wir gewissermaßen eine dialektische Gleichung von Aufheben: Bewahren + Eliminieren = höhere Stufe.

Und so verfährt auch Nietzsche beim Willen im Sinne des Aufhebens. Das heißt: Einerseits vernichtet er ihn, in dem er ihn als Spekulationsblase enttarnt, andererseits bewahrt er ihn jedoch auch auf, weil er ihn für sein eigenes Philosophieren benötigt. Und am Ende hat er etwas Neues, nämlich den Willen zur Macht.

Schauen wir ihn uns doch einmal näher an, den Willen zur Macht. Ausgangspunkt ist Nietzsches Erkenntnis, dass wir es beim Wollen mit einem Komplex an Denken und Fühlen zu tun haben. Wobei dem Denken die Aufgabe zukommt, das Ziel des Willens zu schaffen, also festzulegen, was der Wille eigentlich will. Demgegenüber fällt das Fühlen oder, wie Nietzsche es nennt, »die Stimme des Leibes« die Urteile, sie entscheidet also darüber, ob wir Lust oder Unlust (Nietzsche bezeichnet sie als »die beiden Oszillationen des Ja und Nein«) erleben. Lust jedoch ist, wie Nietzsche ausführt, »ein Plus-Gefühl von Macht«, während Unlust ein Minus-Gefühl von Macht ist.

Einige Beispiele sollen verdeutlichen, was Nietzsche damit meint, wenn er von Lust als »Plus-Gefühl der Macht« spricht. Angenommen, wir stehen mit leerem Magen vor einer Bäckerei mit leckeren Auslagen. Kein schöner Zustand, den wir möglichst schnell ändern wollen. Also beschießen wir, in die Bäckerei zu gehen und uns etwas zu kaufen – und bringen damit die unerträgliche Situation unter Kontrolle. Sicher, wir haben damit unseren Hunger befriedigt. Doch das heißt letzten Endes nichts anderes, als dass wir Macht über unser Hungergefühl gewonnen haben.

Der Wille zur Macht lässt sich natürlich auch jenseits solcher Bagatellentscheidungen finden. Beispielsweise in Wissenschaften und Technik. So ist die Raumfahrt ein Ausdruck des Willens, über den Weltraum Macht zu gewinnen. Und selbst wenn Raumfahrtpioniere davon träumen, andere Planeten zu besiedeln, sobald es hier bei uns auf der Erde unerträglich geworden ist, steckt dahinter der Wille, die Zukunft zu kontrollieren – und das ist Ausdruck des Willens zur Macht. Was machen Forscher, wenn sie an Medikamenten gegen Krebs und Aids arbeiten? Das hört sich zwar edel an, doch letzten Endes versuchen sie nur Kontrolle über eine Naturerscheinung zu bekommen – und auch das ist Ausdruck des Willens zur Macht. Ganz zu schweigen davon, dass sie meistens finanzielle Interessen verfolgen, denn funktionierende Arzneimittel gegen Krebs und Aids wären Kassenschlager – und dass es hierbei um Macht geht, muss man nicht weiter ausführen.

Letzten Endes muss man natürlich die Frage stellen, ob auch in der Philosophie, ähnlich wie in Wissenschaft und Technik, der Wille zur Macht wirksam ist. Sokrates, Diogenes, Descartes, Spinoza und Kant – sind sie etwa alle im Dienste des Willens zur Macht? Nietzsche beantwortet diese Fragen mit einem klaren Ja:

»Die Philosophie schafft immer die Welt nach ihrem Bilde, sie kann nicht anders; sie ist dieser tyrannische Trieb selbst, der geistigste Wille zur Macht.«

Und wenn man ehrlich ist, offenbaren auch die meisten Vertreter der Philosophie einen ausgeprägten Willen zur Macht. So teilt Diogenes dem großen Alexander sein »Geh mir aus der Sonne« sicherlich nicht allein deshalb mit, weil er braun werden wollte. Und wenn Schopenhauer seine Vorlesungen exakt auf die Zeit legt, zu der Hegel aufs

Podium tritt, spricht das sicherlich auch für einen ausgeprägten Willen, den Konkurrenten klein zu halten (gelungen ist es ihm übrigens nicht – Schopenhauer ist es schließlich, der vor leerem Saal antreten muss).

Die Philosophie und ihre Vertreter als ein Ausbund an Willen zur Macht. Was letzten Endes heißt: Auch Nietzsche und seine Idee vom Willen zur Macht ist ein Ausdruck des Willens zur Macht, weil er wie andere Philosophen versucht, die Welt in ein Erklärungsmodell zu pressen. Ein Vorwurf, der Nietzsche jedoch nicht sonderlich trifft. Weil er den Willen zur Macht nämlich an sich nicht als Makel betrachtet, sondern als Charakterzug, der dem gesamten Leben, also auch dem nicht-menschlichen Leben zueigen ist. Äußerste Achtsamkeit ist jedoch nach Nietzsches Meinung angesagt, wenn der Wille zur Macht getarnt wird unter »sanften« Schlagworten wie Mitleid, Nächstenliebe und dergleichen. Darin sieht Nietzsche einen »Sklavenaufstand in der Moral«, in dem versucht wird, unter dem Mantel der Ohnmacht die Macht der Herrschenden zu untergraben.

Wir halten also fest: Der Wille zur Macht ist überall wirksam, also auch dort, wo man ihn zunächst am wenigsten vermutet. An dieser Stelle offenbart sich Nietzsche als einer der scharfzüngigsten Moralkritiker, die es in der Philosophie gibt.

Mitleid?

»Das angenehmste Gefühl bei solchen, welche wenig stolz sind und keine Aussicht auf große Eroberungen haben: Für sie ist die leichte Beute – und das ist der Leidende – etwas Entzückendes.«

Wohltätigkeit?

»Der Wohltätige befriedigt ein Bedürfnis seines Gemüts, wenn er wohl tut. Je stärker dieses Bedürfnis ist, umso weniger denkt er sich in den anderen hinein, der ihm dient sein Bedürfnis zu stillen.«

Tugend?

»Jede Tugend hat Vorrechte: zum Beispiel dies, zu dem Scheiterhaufen eines Verurteilten ihr eigenes Bündchen Holz zu liefern.«

Es bleibt also nicht viel übrig von all den guten Werten, an die wir uns im Laufe der Jahre gewöhnt haben. Nietzsche mahnt uns zur Vorsicht, wenn wir jemandem im Tugendgewand begegnen. Denn oft wollen sie nur ihren Willen zur Macht ausleben, wollen sie die Kontrolle – über wen auch immer, auch wenn es nur über sich selbst ist. Und wenn man gerade heute sieht, wie religiöse Fanatiker zum Durchsetzen ihrer Werte über Leichen gehen oder sogar Kriege im Kampf gegen das Böse angezettelt werden, muss man Nietzsche Recht geben – denn auch hier geht es nur um Macht.

Ob es freilich sinnvoll ist, alle positiven Werte einer erbarmungslosen Analyse vor dem Hintergrund des Willens zur Macht zu unterziehen, sei dahingestellt. Wenn etwa Menschen aus unseren Breiten in die Hungergürtel Afrikas gehen, um dort echte Hilfe zu leisten, ist es letzten Endes egal, ob sie es zur Befriedigung eigener Bedürfnisse tun oder aus »wahrer« Nächstenliebe. Wie sagte es einmal der Schauspieler und Entwicklungshelfer Karl-Heinz Böhm: »Es ist egal, weswegen die Menschen helfen. Die Hauptsache ist, dass sie helfen.«

Dagegen hätte wohl auch Nietzsche keine Einwände gehabt.

Bei den meisten Menschen ist die Ruhe Erstarrung und die Bewegung Tollheit.

Epikur (etwa 341–270 v. Chr.)

Zum Schluss unserer Überlegungen zum Willen zur Macht sollten wir noch auf ein spezielles Thema eingehen, das Nietzsche für sehr wichtig gehalten hat. Die Tatsache nämlich, dass wir auch am Kontrollverlust Lust empfinden können. Nietzsche hat immer wieder davon berichtet, wie überwältigend es ist, wenn wir die Kontrolle verlieren. Wenn wir alles Gewohnte und alle lieb gewonnenen Werte hinter uns lassen, um uns auf das Experiment des Werdens einzulassen. Die Lust, sich als Spielball höherer, unkontrollierbarer Mächte zu empfinden, ist für Nietzsche mindestens genauso wichtig für das Leben eines »vornehmen Menschen« wie der Wille zur Macht. Er hat ihr auch einen eigenen Begriff gegeben, nämlich das der griechischen Mythologie entlehnte »Dionysische«. Und das ist etwas, das so ganz anders ist als unsere Alltagswelt, in der wir ängstlich versuchen, die Dinge mehr oder weniger in den Griff zu bekommen. Im Dionysischen gibt es keine Wissenschaft und auch keine Philosophie, die sich in ihrem Drang zur Beherrschung der Natur letzten Endes an ihr vergeht. Der Mensch findet vielmehr als Dionysier zur Natur zurück:

»Unter dem Zauber des Dionysischen schließt sich nicht nur der Bund zwischen Mensch und Mensch wieder zusammen: Auch die entfremdete, feindliche oder unterjochte Natur feiert wieder ihr Versöhnungsfest mit ihrem verlorenen Sohn, dem Menschen.«

Im Dionysischen werden keine Dämme gebaut, um die Fluten zu kontrollieren. Und auch keine Krawatten umgelegt und schicke Kostüme angezogen, um ein konformes und leistungswilliges Mitglied der Gesellschaft zu sein. Der Dionysier begibt sich vielmehr auf die Fluten, um sich von ihnen treiben zu lassen; und die gesellschaftlichen Etiketten werden von ihm gnadenlos enttarnt, karikiert und dadurch außer Kraft gesetzt. Das dionysische Leben ist ein unkontrolliertes Leben, wie im Rausch. Wobei Nietzsche den dionysischen Rausch als Erregung des »gesamten Affektsystems« versteht:

»Es ist dem dionysischen Menschen unmöglich, irgendeine Suggestion nicht zu verstehen, er übersieht kein Zeichen des Affekts, er hat den höchsten Grad des verstehenden und erratenden Instinkts, wie er den höchsten Grad an Mitteilungskunst besitzt.«

Was deutlich macht, dass der Dionysier nichts gemein hat mit den Trunkenbolden auf einem Schützenfest oder einer Karnevalsveranstaltung. Ihm geht es nicht darum, »die Sau rauszulassen«, sondern darum, den höchsten Grad der Vervollkommnung und intuitiven Erkenntnis zu erreichen, indem man eben nicht krampfhaft am Bestehenden festhält und es auch nicht zu vergessen sucht, wie es die Trunkenbolde machen, sondern eintaucht in die Widersprüche und das Vergängliche der Welt und sich von deren Strömen wegtragen lässt.

Es lassen sich zahlreiche Beispiele dafür finden, wie wir das Dionysische im Alltag leben können. Wer etwa im Auto auf dem Weg zur Arbeit Radio hört, verhält sich ganz und gar undionysisch. Wer sich hingegen bei seinen Weihnachtseinkäufen von den Tönen eines Straßenmusikers bezaubern lässt und bei ihm die Zeit und damit schließlich auch die Einkäufe vergisst, verhält sich dionysisch. Ein Dionysier lässt sich auch von der erotischen Ausstrahlung eines Menschen verzaubern, der ihm zufällig im Intercity begegnet, doch er geht nicht ins Bordell, um dort fürs »Geliebtwerden« zu zahlen. Wie er eben grundsätzlich alles Berechenbare und Berechnende hasst und daher auch sein Geld nicht in Bundesschatzbriefe anlegen wird, sondern es eher im Überschwang eines Gefühls für etwas ganz und gar Überflüssiges ausgibt. Andererseits ist der Dionysier kein Mensch, der den bloßen Nervenkitzel sucht. Mit Bungee-Springen, Rafting, Free-Climbing und anderen künstlich-gestelzten Abenteuern der Moderne kann er nichts anfangen, denn in ihnen geht es nicht ums Leben und Erleben, sondern um die sinnlose Überwindung einer sinnvollen Angst.

Der Dionysier kann unspektakulär sein, gerade dann, wenn alle das Spektakel wollen; ihm reicht es schon, wenn er mit seiner zweijährigen Tochter mit den Worten spielt und die Gesetze der Grammatik aushebelt – ein Spiel, bei dem beide in ein reales Teilstück unseres Lebens eintauchen.

Lassen Sie uns an dieser Stelle die Kaskade der exemplarischen Dionysos-Offenbarungen unterbrechen. Obwohl man natürlich noch zahlreiche interessante Fragen stellen könnte. Beispielsweise:

»Wie denkt Dionysos über Ehe und Treue?«

»Würde er zur Bundestagswahl oder gar zur Wahl des Gemeinderats gehen?«

»Kann ein Dionysier ein Finanzbeamter sein?«

Wir wollen auch an dieser Stelle unserer Route treu bleiben und sagen, dass Nietzsche wohl keine Antworten darauf gegeben hätte. Doch es reicht ja, dass er die richtigen Fragen auf den Weg gebracht hat.

6. Anleitung
Die Frauenfrage: Gibt es etwas Ewig-Weibliches?

Ich wusste, dass auf Xanthippes Donnergrollen früher oder später Regen folgen würde.

Sokrates (470–399 v. Chr.), nachdem ihm seine Frau einen Kübel Wasser über den Kopf gegossen hatte

Philosophen gelten nicht unbedingt als erfahren, was das Thema »Frauen und Liebe« angeht. Immerhin waren zwar etwa die Hälfte von ihnen verheiratet, doch ansonsten ist es unter den Denkern ein ungeschriebenes Gesetz, dass sie einsam sein müssen. Nach dem Motto: Nur der Einsame ist zu wirklich tiefen Gedanken fähig.

Worin liegen nun aber die Wurzeln für dieses Vorurteil? Sicherlich in dem Dogma, wonach das Sinnliche den Geist aus seinen Höhen herunterzieht. Ein Dogma, das in der Tradition Platons vor allem von den Kirchenlehrern vertreten wurde. Eine andere mögliche Erklärung wäre aber auch, dass es sich bei den Philosophen oft um – vorsichtig ausgedrückt – »verhaltensauffällige« Persönlichkeiten handelt. Will sagen: Sie haben oft ihre Macken, so dass es für sie schwer wird, einen anderen Menschen zu finden, von dem sie sich verstanden fühlen. Klar, dass sich dadurch diverse zwischenmenschliche Enttäuschungen einstellen. Die wiederum suggerieren dem Denker, der ja auf der ständigen Suche nach allgemein gültigen Gesetzen ist, ein Schicksal, das er – typisch Philosoph! – als sein individuelles Gesetz interpretiert, dem er sich fatalistisch unterzuordnen hat. Mit anderen Worten: Der Philosoph bastelt aus seinen Enttäuschungen mit den Frauen eine Lebensrichtschnur, und die heißt: Einsamkeit. Wobei natürlich klar ist, dass es sich hier um ein höheres Schicksal handelt. Denn in der Einsamkeit unterscheidet sich ja der Philosoph von der Masse der sich »begattenden« Menschen. Sie steht als Synonym für »mystische Entrückung«, »tiefsten Ernst«, »einsame Größe« und »unendliche Tiefe« – allesamt

Attribute, die wohl einem heroischen Denker zustehen, nicht aber dem »einfachen« Bäcker oder Kfz-Mechaniker.

Bleibt die Frage: »Hat es denn trotz ihrer Erfahrungsdefizite Sinn, sich mit den Ausführungen der Philosophen zum Thema ›Frauen und Liebe‹ zu beschäftigen? Die Antwort ist ein klares Ja. Erstens, weil die philosophische Methode nicht unbedingt konkrete Erfahrungen am eigenen Leibe braucht, um zu durchaus brauchbaren Schlüssen zu kommen. So ist man immer wieder überrascht, welches zustimmende Kopfnicken die Frauen-Statements der Philosophen bisweilen erzeugen, selbst bei Frauen. Zweitens sieht man bei der »Frauenfrage«, welche abenteuerlichen Wendungen die Philosophie nehmen kann, wenn sie in ihrer Suche nach allgemein gültigen Schlüssen einfach die konkreten Machtverhältnisse und Individuen in einer Gesellschaft ignoriert. Eine Warnung an alle, die meinen, ohne den Blick auf gesellschaftliche Realitäten philosophieren zu dürfen!

Schließlich kann das Thema »Frauen und Liebe« gerade für eine Gebrauchsanweisung zum Philosophieren sehr fruchtbar sein. Weil nämlich die Philosophen in ihrer Beschäftigung mit Frauen und Liebe ihre spezielle Arbeitsmethode transzendieren. Das heißt: Wir können anhand ihrer Ausführungen zu Frauen und Liebe noch einmal am konkreten Beispiel betrachten, wie ihr Denken überhaupt funktioniert. Ob sie also zu den Idealisten gehören, für die das sinnlich Reale ohne Bedeutung im Sein ist, ob sie Gesellschaftskritik betreiben und damit die Ideen lediglich ein Ausdruck der sozialen Machtverhältnisse sind, oder ob sie der bloßen Ruhe mehr Sein zuschreiben als dem sich wandelnden Werden. All das wird noch einmal transparent, wenn wir den Philosophen zuhören, wie sie über Frauen und Liebe denken. Das folgende Kapitel ist also, wie es sich für eine Gebrauchsanweisung gehört, dazu gedacht, dass wir eine gewisse Routine im Umgang mit dem Philosophieren bekommen, nachdem wir uns zuvor in seine typischen Denkmuster eingearbeitet haben. Denn letzten Endes soll es beim Philosophieren ja später genauso sein wie beim DVD-Player: Wir müssen ihn bedienen können, auch wenn wir die Gebrauchsanweisung schon längst in der Schublade verstaut haben.

*Das Weibliche siegt immer durch seine Stille
über das Männliche.*

LAO-TSE (UM 600 V. CHR.)

Es gehört zu den typischen Merkmalen der chinesischen Philosophie, dass sie die Welt von zwei Kräften durchdrungen sieht: Yin und Yang. Wobei Yang für das männliche, aktive Prinzip steht und Yin für das weibliche, passive Prinzip. Oder, wie Lao-Tse es in *Tao Te King* beschreibt, wo er für Yin den Ausdruck des »Ewig-Weiblichen« benutzt:

»Der Geist der Tiefe stirbt nicht.
Das ist das Ewig-Weibliche.
Des Ewig-Weiblichen Ausgangspforte
Ist die Wurzel von Himmel und Erde.

Endlos drängt sich's und ist doch wie beharrend.
In seinem Wirken bleibt es mühelos.«

Woraus man erkennt, dass dem Ewig-Weiblichen tiefer Respekt gezollt wird, als »Anfang der Erde«, in dem alles seinen Ursprung hat. Einerseits! Andererseits betonen gerade die chinesischen Philosophen immer wieder den passiven und dienenden Aspekt des weiblichen Yin. So erzählt Dong Zhongshu (etwa 179–104 v. Chr.):

»Die zugrunde liegenden Prinzipien von Fürst und Diener, Vater und Sohn, Mann und Weib, sind alle von Yang und Yin abgeleitet. Der Fürst ist Yang, und der Diener ist Yin. Der Vater ist Yang, und der Sohn ist Yin. Der Gatte ist Yang, und das Weib ist Yin.«

Das Männliche mithin als formendes Prinzip, das lenkt und gestaltet und das Weibliche als formbares Prinzip, das gelenkt und gestaltet wird. Die chinesischen Philosophen betonen zwar immer wieder das Metaphysische am Yin- und Yang-Prinzip, dass es also nicht aus der Sinnlichkeit abgeleitet ist, sondern hinter allem wirkt, doch wenn einseitig das Weibliche mit dem Passiven gleichgestellt wird, kann man deutlich die Ideale einer Gesellschaft erkennen, in der Männer das Ruder in der Hand haben. »Die herrschenden Ideen einer Zeit«, so sagt Marx, »waren stets nur die Idee der herrschenden Klasse«. Am Prinzip von Yin und Yang wird die Wahrheit dieses Satzes allzu deutlich.

Nichtsdestoweniger hat die Idee des Ewig-Weiblichen nie an Faszination eingebüßt. Einer ihrer glühendsten Verehrer ist das Universal-Genie Johann Wolfgang von Goethe (1749–1832). Im Chorus Mysticus vom *Faust* schließt er mit den legendären Zeilen:

»Das Unbeschreibliche
Hier ist's gethan,
Das Ewig-Weibliche
zieht uns hinan.«

Wobei Goethe offen lässt, was er eigentlich unter dem Ewig-Weiblichen versteht. Dazu ist sein persönliches Verhältnis zu den Frauen viel zu widersprüchlich. Er kann es beispielsweise nicht leiden, wenn sie sich keusch geben und zieren, ein Umstand, der in seinen Augen einfach nur einen »Zeitverlust« darstellt und keinesfalls eine echte moralische Bastion. Auf der anderen Seite zieht sich durch seine Werke das Gretchen-Motiv, jenes bezaubernde weibliche Geschöpf, das sich nach reiner, desinfizierter Liebe sehnt und den Liebhaber auffordert: »Nicht küssen! Das ist etwas Gemeines; aber lieben, wenn's möglich ist.« Ein reines Lieben, das jedoch nicht unbedingt die Heirat einschließt. Denn in einem Brief an einen Freund beklagt sich Goethe über die italienischen Mädchen, die jegliche Sinnlichkeit vermissen ließen und nur ans Heiraten dächten, »und wenn sie dann einen Mann haben, dann ist die Messe gesungen«.

Diese Widersprüchlichkeiten in Bezug auf Frauen ist ein Problem, wie es typisch für einen Romantiker-Denker ist. Der Romantiker in Goethe jagt nach dem Frauen-Ideal, wie er es in seinen Schriften entworfen hat. Der Philosoph und Wissenschaftler in ihm fordert jedoch Wahrheit, hält jegliche Zier und Keuschheit für Zeitverschwendung. Es dauert lange, bis sich Goethe aus diesem Zwiespalt – zumindest privat – befreien kann. Mit Christiane Vulpius heiratet er schließlich (nachdem er fünf uneheliche Kinder mit ihr gezeugt hat) eine Frau, die »eher hübsch als schön« und 17 Jahre jünger ist. Darüber hinaus ist sie bereit, all ihre Bedürfnisse den Notwendigkeiten seiner Kreativität unterzuordnen, und sie hat einen einfachen, unproblematischen und lebenslustigen Charakter. Diese Merkmale zusammen besitzt keine von Goethes weiblichen Kunstfiguren, und deshalb ist Christiane wahrscheinlich die Einzige, die wirklich zu ihm passt.

Geschlechtsgemeinschaft (commercium sexuale) ist der wechselseitige Gebrauch, den ein Mensch von eines anderen Geschlechtsorganen und Vermögen macht.

Immanuel Kant (1724–1804)

Ganz und gar unromantisch und betont sachlich hört es sich an, wenn sich Aristoteles (384–322 v.Chr.) zum Frauenproblem äußert. Er sieht den Sinn der Frau allein in Ehe und Kinderproduktion, wobei es »im Hinblick auf die Zucht« besser sei, »wenn die Mädchen in etwas höherem Alter verheiratet werden«. Denn die jungen Frauen seien im Beischlaf gar zu zügellos. Der makedonische Denker muss es wissen, denn seine eigene Frau soll erheblich jünger gewesen sein als er.

Keinen Zweifel hat Aristoteles an der natur-gegebenen Unterlegenheit der Frauen: »Denn was mit dem Verstand vorausschauen vermag, ist von Natur das Regierende und Herrschende, was mit seinem Körper das Vorgesehene auszuführen vermag, ist das von Natur Regierte und Dienende.« Deutlich zu sehen, wie hier der alte Dualismus von Geist und Körper auf den von Mann und Frau übertragen wird.

Nach Ansicht von Baruch de Spinoza (1632–1677) gibt es noch eine andere Begründung für die Unterlegenheit des weiblichen Geschlechts. Sein Vorschlag: Man befrage die Erfahrung. Und die zeige eindeutig, dass es nirgends vorkommt, dass Frauen und Männer gleichberechtigt nebeneinander regieren, »sondern überall wo Frauen und Männer leben, sehen wir, dass die Männer regieren und die Frauen regiert werden und dass beide Geschlechter in Eintracht leben«. Und da es ja überflüssig wäre, etwas an Eintracht und Frieden ändern zu wollen, bräuchte auch nichts an der natürlichen Unterdrückung der Frau geändert werden. Man sieht also: Obwohl Spinoza und Aristoteles anders vorgehen als die Metaphysiker und Romantiker des Ewig-Weiblichen, kommen sie zu ähnlichen Ergebnissen. Denn sie sind letzten Endes nicht nur Philosophen, sondern auch – Männer.

Das Weib hat keinen Eifer für die Wahrheit – darum ist es nicht ernst, darum nimmt es auch keinen Anteil an Gedanken. Kein Weib hat wirkliches Interesse für die Wissenschaft, sie mag es sich selbst und noch so vielen braven Männern, aber schlechten Psychologen, vorlügen.

Otto Weininger (1880–1903)

Es ist Zeit, sich den echten »Weiberhassern« der Philosophiegeschichte zu widmen. Ihr Merkmal: Sie reden immer von Weibern, anstatt von Frauen. Dieser Umstand lässt bereits psychoanalytisch tief blicken. Denn »Weib« unterscheidet sich gerade mal in einem Buchstaben von »Leib«, und mit diesem Begriff ist der eigentliche Feind dieser Philosophen ausgemacht. Es ist nämlich ihr eigener Körper, den sie hassen. Sie hassen ihn, weil er sie immer in Erregung versetzt und ihre klaren philosophischen Gedanken durchkreuzt, wenn sie einer Frau begegnen. Doch zu diesem Zugeständnis sind sie natürlich als Kopfmenschen, die stolz auf ihre Freiheit sind, nicht bereit. Sie projizieren vielmehr den Hass gegenüber ihrer eigenen Begierde auf das Objekt der Begierde, und am Ende können da durchaus vernichtende Zornesausbrüche herauskommen.

Wie etwa Arthur Schopenhauer (1788–1860). Von der Erscheinung der Frauen (»Schon der Anblick der weiblichen Gestalt lehrt, dass es weder zu großen geistigen, noch körperlichen Arbeiten bestimmt ist.«) über ihren Geisteszustand (»Zu Pflegerinnen und Erzieherinnen unserer Kindheit eignen die Weiber sich gerade dadurch, dass sie selbst kindisch, läppisch und kurzsichtig, mit Einem Worte, Zeit Lebens große Kinder sind; eine Art Mittelstufe zwischen dem Kinde und dem Manne, als welcher der eigentliche Mensch ist.«) bis zu ihrer Streitlust (»Zwischen Männern ist von Natur bloß Gleichgültigkeit; aber zwischen Weibern ist schon von Natur Feindschaft.«) – kein männliches Vorurteil über Frauen, das Schopenhauer nicht rhetorisch bedienen würde. Allerdings geht er noch weiter als andere frauenfeindlichen Denker, insofern er den Frauen nämlich auch noch ihre Schönheit abspricht:

»Das niedrig gewachsene, schmalschultrige, breithüftige und kurzbeinige Geschlecht das schöne nennen, konnte nur der vom Geschlechtstrieb umnebelte männliche Intellekt.«

Von Schopenhauer existiert nicht ein wohlwollendes Wort zu den Frauen. Die Gründe für seinen fanatischen Frauenhass liegen einerseits in seiner Mutter, einer eitlen Schriftstellerin, die sich gerne mit der geistigen High Society ihrer Zeit umgibt (wozu unter anderem auch

Goethe gehört), andererseits in seinem ungeheuren Geschlechtstrieb, der dann auch als »Gattungswillen« zum zentralen Thema des Schopenhauerschen Philosophierens wird.

Einer von Schopenhauers Schülern ist in vielerlei Hinsicht der österreichische Philosoph und Psychologe Otto Weininger (1880–1903). Bei ihm wird der Dualismus von Leib und Seele auf die Spitze getrieben. Seine Kernthese: Das Universum hat zwei Pole, nämlich das Etwas und das Nichts. Das erinnert schon durchaus an Yin und Yang. Doch Weininger geht noch weiter. Das Etwas ist nämlich bei ihm wesentlich bestimmt als zweckvoller Geist, das Nichts hingegen als sinnloser Leib. Es sei deswegen möglich, so Weininger, die beiden Pole auch als Subjekt, von dem alle Aktion und Ethik ausgeht, und als Objekt, das auf die Aktion und Befruchtung des Subjekts angewiesen ist, zu bezeichnen.

Am Ende gelingt es Weininger durch ein geschicktes Aneinanderreihen von logischen Schlüssen das Subjekt mit dem Mann und das Objekt mit dem Weib identisch zu setzen: »Es ist das Verhältnis von

Mann und Weib kein anderes als das von Subjekt und Objekt.« Und da diese beiden bekanntermaßen identisch sind mit dem Etwas und dem Nichts, kann Weininger am Ende triumphierend feststellen: »Der Mann ist das Etwas, das Weib ist das Nichts.«

Fassungsloses Kopfschütteln nutzt in Anbetracht solcher Sätze wenig. Was Weininger vielmehr macht, ist eine Zuspitzung, die sich durchaus aus Metaphysik entwickeln kann, wenn man sie bis zu Ende denkt. Denn die Übergänge von Yin und Yang über Mann und Weib zu Etwas und Nichts sind nun einmal fließend, insofern unser Denken sie ja gestalten kann, wie es will. Für einen Metaphysiker sind keine Realitäten da, durch die es eingeschränkt wird. »Was vernünftig ist, das ist wirklich; und das was wirklich ist, das ist vernünftig.« So sagte es Hegel und bereitete damit den Boden für Extrem-Idealisten wie Otto Weininger, der kurzerhand das Vernünftige nicht nur mit dem Etwas, sondern auch mit dem Mann identisch setzt.

Zudem spricht Weininger aus, was viele intellektuelle Männer tief im Innern verspüren: der Geist-Mann als das überladene Etwas, das sich in der schönen Nichts-Frau zu zerstreuen sucht. Nicht umsonst heiratete der Schriftsteller Arthur Miller das Sexsymbol Marilyn Monroe. Denn er tat damit etwas, wovon wohl viele Intellektuelle noch heute träumen.

Kurz, die Emanzipation des Weibes ist eine Sache und Frage der allgemeinen Gerechtigkeit und Gleichheit, die jetzt die Menschheit anstrebt, eine Bestrebung, deren sie sich rühmt, aber vergeblich, wenn sie davon das Weib ausschließt.

Ludwig Feuerbach (1804–1872)

Es gibt aber natürlich auch Philosophen, die sich nicht als Frauenhasser gebärdet haben. Wie etwa Voltaire (1694–1778). Allerdings bewegt er sich in punkto Frauen eher auf dem Terrain der nicht ganz ernst gemeinten Komplimente als auf dem der Philosophie:

»Die gesamte Vernunft der Männer ist nicht ein Gefühl der Frauen wert.«

Außerdem zeigt das Zitat, dass auch für ihn die Frauen eher gefühls- als vernunftbegabte Wesen sind. Eine Ansicht, die er mit den meisten Philosophen teilt. So erklärt auch sein Landsmann Jean-Jacques Rousseau (1712–1778):

»Das Herz spricht zum Herzen, und die ganze Sittlichkeitslehre eines Schulmeisters wiegt nicht so viel wie das liebevolle, zärtliche Geplauder einer verständigen Frau, der man von Herzen zugetan ist.«

Das klingt zwar ganz nett, legt aber die Frauen auch auf ihre Rolle als hübsches, aber nicht sonderlich tiefes Gefühlswesen fest. Selbst Immanuel Kant, eigentlich sonst zuständig für objektive und unbestechliche Analysen, kann sich nicht so recht von dieser Metapher lösen:

»Das schöne Geschlecht hat ebenso wohl Verstand als das männliche, nur ist es ein schöner Verstand; der unsrige soll ein tiefer Verstand sein.«

Wobei er an anderer Stelle aber auch zugibt, dass er vermutlich die Frauen gar nicht richtig verstanden hat. Denn:

»Der Mann ist leicht zu erforschen, die Frau verrät ihr Geheimnis nicht.«

Insgesamt sind also Philosophen, die sich um einen objektiven Blick auf die Frauenrolle bemühen und auch deren geschichtliche Entwicklung berücksichtigen, eher Mangelware. Es gibt jedoch Ausnahmen. Unter ihnen: John Stuart Mill (1806–1873).

Für den englischen Philosophen und Wirtschaftstheoretiker ist das traditionelle System von der Unterlegenheit der Frau schlichtweg eine Legende, »denn man hat niemals einen anderen Versuch gemacht«. Außerdem darf die Tatsache, dass sich bislang keine Frauen über ihr Schicksal beklagt hätten, nicht als Kriterium für ihr Glück herangezogen werden. »Denn sie wurden immer in ein System hineingeboren, das auf den Mann zugeschnitten war, und blieben dort bis zu ihrem Tode.« Und wer nichts anderes kennen lernt, vermag auch keine Kritik zu üben.

Mill verzichtet darauf, irgendeine Wesensbeschreibung der Frau zu versuchen. Denn derartiges sei erst dann möglich, wenn man den Frauen überhaupt eine Chance gibt, ihr Wesen zu entfalten. »Doch dies«, so klagt Mill seine Männerkollegen an, »ist bislang keinesfalls geschehen. Man hat vielmehr alles unternommen, die Frauen an der Entfaltung ihres Wesens zu hindern.« Mills Empfehlung an die Frauen lautet daher, dass sie den Aufstand wagen sollten. Wobei er Realist genug ist, die spezifischen Probleme dabei zu sehen:

»Die Frauen sind insofern in einer von allen anderen unterdrückten Klassen ganz verschiedenen Lage, als ihre Herren von ihnen noch etwas anderes verlangen als bloße Dienstbarkeit. Die Männer beanspruchen nämlich von den Frauen nicht nur Gehorsam, sondern auch Zuneigung.«

Insofern ist also das Schicksal der Frauen sogar noch härter als das der Sklaven, die ihren Herren wenigstens ungestraft hassen dürfen. Die Frau hingegen muss ihren Herren sogar noch lieben. Und damit sie auch brav weiter liebt, wird es von Seiten männlicher Moralwächter und Philosophen als ihre ureigenste Natur festgeschrieben: »Jede Sittenlehre predigt, die Pflicht der Frau sei, für andere zu leben, sich selbst vollständig aufzugeben und keine andere Existenz als in und durch die Liebe zu haben, und die hergebrachte Sentimentalität behauptet sogar, dass dies der Zustand sei, welcher der eigentlichen Natur der Frau gemäß ist.«

Mill enttarnt also die These, wonach die Liebe und Selbstaufgabe dem natürlichen Wesen der Frau entspräche, als pure Sentimentalität. Demnach sind philosophische Größen wie Aristoteles, zumindest im Hinblick auf die Frauen, nicht besser als ein Fernsehzuschauer, der sich permanent Liebesfilme anschaut. Das klingt hart, entspricht aber – gerade wenn man den strengen, objektiven Blick anwendet, der von den Philosophen selbst immer wieder gefordert wird – der Wahrheit. Wobei man allerdings entschuldigend zufügen muss, dass die Denker letzten Endes Kinder ihrer Zeit sind und somit in vielerlei Hinsicht ein Sprachrohr für die damals geltenden Überzeugungen abgeben. So konnte Sokrates seine Mitbürger in Athen wohl mit seinen Überlegungen zur Tugend nerven, doch wenn er auch noch an der traditionellen Frauenrolle herumgemäkelt hätte, hätte man ihm den Schierlingsbecher vermutlich schon viel früher verabreicht.

Nun sind aber seit Aristoteles und Sokrates viele Jahrhunderte und selbst seit Mill über hundert Jahre vergangen. Man sollte meinen, dass mittlerweile genug unternommen wurde, um das Wesen der Frauen zur Entfaltung kommen zu lassen. Doch ein Blick auf die heutige Realität verrät: Die Frau drängt zwar immer mehr ins Berufsleben, doch sie muss in der Regel versuchen, ihre beruflichen Ambitionen mit dem Familienleben zu vereinen. Oder anders ausgedrückt: Sie darf Karriere machen, sollte aber daneben ihre Pflichten als Hausfrau, Mutter und liebende Ehefrau keinesfalls vernachlässigen. Das klingt ganz schön nach Stress. Und ob er sich am Ende auszahlt, ist fraglich.

Denn in höheren Managerposten dominieren nach wie vor Männer. Der Frauenanteil bei den Studenten und Hochschulabsolventen liegt zwar bei 50 Prozent, doch danach geht es nur noch bergab. Bei den erfolgreich abschließenden Doktoranden sind es nur noch 38, bei den Professoren 14 Prozent, und unter den Professoren in Natur- und Ingenieurwissenschaften wird nicht einmal eine zweistellige Quote erzielt. Dafür dominieren Frauen in den sozialen und unterbezahlten Berufen, wie etwa Krankenpflege, Sozialarbeit und Erziehung. Ist das Ausdruck des »sozialen Wesens«, das den Frauen innewohnt? Zieht es sie einfach »von Natur aus« nicht zu den Naturwissenschaften und tiefer Erkenntnis?

Für Philosophen wie Aristoteles oder Schopenhauer wären die Antworten auf diese Fragen klar gewesen, doch das heißt noch lange nicht, dass sie der Wahrheit entsprechen. Hier heißt es, kritisch zu bleiben und wachsam. Darin unterscheidet sich eben eine Gebrauchsanweisung zum Philosophieren von den sonstigen Gebrauchsanleitungen. Die funktionieren am besten, indem man sie pedantisch durcharbeitet (sofern sie gut geschrieben sind!). Bei der Gebrauchsanweisung zum Philosophieren sieht das jedoch anders aus. Sie funktioniert am besten, wenn man sie eben nicht akribisch verfolgt und stattdessen das selbstständige Denken in Gang setzt.

Außerdem: Bevor ein richtiger Philosoph zu voreiligen Schlüssen ansetzt, sollte er lieber riskieren, dass sein Denken gar keine Früchte trägt und er am Ende ohne messbares Ergebnis dasteht. Zahlreiche Vertreter der Philosophiegeschichte haben sich jedoch, gerade bei der Frauenfrage, nicht daran gehalten. In der Absicht, der Peinlichkeit des Nicht-Urteilen-Könnens zu entgehen, ließen sie sich am Ende zu Sprüchen hinreißen, die in den Augen der Nachwelt nur noch peinlich sind. Doch darin müssen wir ihnen ja nicht folgen. Besser, wir haben den Mut, experimentell zu bleiben, bevor wir uns in unseren Urteilen zu weit aus dem Fenster lehnen:

Der rechte Philosoph – so scheint es uns, meine Freunde? –
lebt »unphilosophisch« und »unweise«, vor allem unklug, und fühlt
die Last und Pflicht zu hundert Versuchen und Versuchungen
des Lebens – er riskiert sich beständig, er spielt das schlimme Spiel ...

Friedrich Nietzsche (1844–1900)

Der Autor

Dr. Jörg Zittlau, Jahrgang 1960, studierte Philosophie, Soziologie und Sportmedizin und arbeitete in Lehre und Forschung. Heute arbeitet er als Wissenschaftsjournalist und ist Autor zahlreicher erfolgreicher Bücher.

Produktion: Medienprojekte München
Covergestaltung: Katharina Schweissguth, München
Coverabbildung: Getty Images

003

ISBN-10: 3-8112-2735-1
ISBN-13: 978-3-8112-2735-4

5 4 3 2 1

www.gondrom-verlag.de